U1001680

高职教育管理与校园文化建设研究

邱玉贵　著

北方联合出版传媒（集团）股份有限公司
万卷出版有限责任公司

图书在版编目（CIP）数据

高职教育管理与校园文化建设研究 / 邱玉贵著. --
沈阳 ：万卷出版有限责任公司，2024.5
ISBN 978-7-5470-6556-3

Ⅰ. ①高... Ⅱ. ①邱... Ⅲ. ①高等职业教育 -教育管理 - 研究 - 中国②高等职业教育 -校园文化- 研究 - 中国
Ⅳ. ①G719.2②G718.5

中国国家版本馆 CIP 数据核字（2024）第 111252 号

出版发行：北方联合出版传媒（集团）股份有限公司
万卷出版有限责任公司
（地址：沈阳市和平区十一纬路 29 号　邮编：110003）
印 刷 者：辽宁鼎籍数码科技有限公司
经 销 者：全国新华书店
幅面尺寸：170mm×240mm
字　　数：131 千字
印　　张：9.75
出版时间：2024 年 5 月第 1 版
印刷时间：2024 年 5 月第 1 次印刷
责任编辑：刘书吟
责任校对：张　莹
装帧设计：马静静
ISBN 978-7-5470-6556-3
定　　价：48.00 元
联系电话：024—23284090
邮购热线：024—23284448

常年法律顾问：王　伟　版权所有　侵权必究　举报电话：024—23284090
如有印装质量问题，请与印刷厂联系。　联系电话：024—85908302

前 言

当前，随着高职院校教育教学改革的不断深入，社会对高职院校教育教学质量提出了更高的要求，加强高职院校的教育管理对提高人才培养质量有着至关重要的作用。要想培养高质量的高技能人才，在新的发展形势下，职业院校应该不断加强管理，不断建立和完善符合职业教育接班规律的学校管理体制和运行机制，使职业教育与社会接轨，通过鲜明的办学特色、过硬的人才培养质量，不断赢得社会的认可。只有这样，才能保证职业教育的可持续健康发展。

而校园文化作为一种环境教育力量，对营造良好的育人环境和学术氛围，全面提高大学生综合素质，具有十分重要的意义，同时，良好的校园文化环境也是确保学生管理工作顺利进行的关键。近年来，各地各高职院校高度重视校园文化建设，积极开展校风建设，推动人文素质与科学精神教育，精心组织校园文化活动，深入拓展校园文化建设新载体，大力加强校园文化环境建设，形成了一批体现社会主义精神文明特点和规律、体现时代特征和学校特色、深受学生喜爱的校园文化成果和品牌，高职院校校园文化建设呈现出繁荣发展的景象。我国高职院校进入内涵式发展阶段以来，不断探索校园文化建设的理念从根本上提升了高职院校校园文化建设质量，成为推动高等教育内涵式发展的重要课题。

本书主要内容包括高职教育管理概述、高职教育管理理念、高职院校学生教育管理、校园文化与高职校园文化、高职院校校园文化建设内容、高职院校校园文化建设与学生管理工作的互动。

本书的撰写得到了许多专家学者的帮助和指导，在此表示诚挚的谢意。由于水平有限，书中所涉及的内容难免有疏漏与不够严谨之处，希望各位读者多提宝贵意见，以待进一步修改，使之更加完善。

目　录

第一章　高职教育管理概述

第一节　高职教育管理内涵

一、管理的内涵

管理一般是指在特定的环境下，对组织所拥有的资源进行有效的计划、组织、领导和控制，以便完成既定的组织目标的过程。

管理的含义包括以下三个方面。

第一，管理是为实现组织目标服务的，是一个有意识、有目的的活动过程。管理是任何组织都不可或缺的，但绝不是孤立存在的。只要有组织及其活动，就存在管理问题。就管理本身而言，管理不具有自己的目标，不存在为管理而管理，没有活动也就不存在管理问题，管理是依附于活动而存在的，组织活动的目标就是管理的目标，而管理是服务于组织目标的。

第二，管理活动是通过一系列相互关联的资源要素进行的，管理工作就是要综合运用组织中的各种资源要素，通过计划、组织、控制等来实现组织目标，达到活动的目的，这是管理的基本职能。

第三，从管理本身来讲，管理活动应该按照自己的规律进行，但现实管理活动的资源并不是孤立存在的，管理工作是在一定环境条件下进行的，管理是一种社会活动，有效的管理必须充分考虑组织的特定环境。

“一般管理理论”最早诞生在法国，也称为“组织管理理论”。“一般管理理论”是站在高层管理者的角度研究组织管理问题，在此基础上，现代管理理论的研究发展很快，形成了许多管理的经典理论和体系。根据研究对象的不同，管理可分为广义的管理和狭义的管理。广义的管理可以是针对大自然中的万事万物的管理；狭义的管理只是针对某项具体活动，以及这些活动中的资源所进行的计划、组织、领导、控制。人们研究的管理通常是狭义的管理，即组织管理、行为管理、活动管理。活动的结果实际上是人的能动性的结果，管理的实质是人，是管理者与被管理者之间矛盾的解决。因此，管理就是管理者、被管理者、事项三方形成的特定的活动。

对于管理的分类，现代管理一般可以从多个方面来进行划分。一是从活动的规模方面，可以分为宏观管理和微观管理；二是从具体的活动内容方面，可以分为综合管理和专项管理。另外，从管理的形式上，又可以分为紧密管理和松散管理。当然，这些区分也只是相对的。

二、管理的基本理论

管理理论有很多，随着现代社会的发展，人们认识水平的不断提高，社会活动的不断丰富，管理理论也在创新和发展。系统管理理论、人本管理理论、目标管理理论、标准化管理理论、组织管理理论、模糊管理理论、混合管理理论等只是众多管理理论中的一部分，它们既是管理的理论，也是管理的思想和方法。

（一）系统管理理论

系统管理理论指出，管理的任务就是协调系统中的各个子系统以及系统要素，以保持系统的动态平衡，取得系统最佳运行效果。这种管理理论及其方法的核心是把管理作为一个整体的系统，系统就要有系统要素，系统要素就是人、物、活动及其项目。这种管理的理论和方法一般应用在大的军事战略、建设工程、大型活动（内容复杂、组织规模大、投入量大、长时间与长周期）较为合适。当然，这也只是相对的，因为大和小本身都是相对而言的。

（二）人本管理理论

人本管理理论是以人为中心的管理，实际上，这种管理是最难以做好的，如果把握不好，有时候会出现偏误。有效的人本管理实质上是人的权力的利用和利益的分配，在这种过程中，既要尊重人，又要让人的潜能充分发挥。以人为本的管理目的就是发掘人的最大潜能，这种潜能并不只是被管理者的，也是管理者的。管理者的潜能是工作的积极性和表现出来的工作效益，被管理者的潜能是管理者的思想施加结果的体现，二者结合才能达到管理的最佳效果。

人本管理理论虽然是一个相对比较早的管理理论，但是在实践中成熟应用得并不是很多。究其原因，传统的、单纯的人本管理理论十分强调管理的“人”的素质，可以说，低素质的人是绝对运用不好人本管理理论的，一个管不好自己的人同样也管不好别人，更不用说有效地运用好人本管理理论了。不过，现代的人本管理理论加入了一些新的元素，即在人本管理的基础上加入制度管理，形成一种新的人本管理理论，这可以说是现代人本管理理论的发展。

（三）目标管理理论

目标管理理论是一种与利益相关联的刚性管理模式。这种管理理论和方法实际上是与价值理论密切相关的，甚至可以说是以价值理论为基础的。目标管理理论要有一个预先设置的价值目标，然后以这种价值目标的实现为核心而展开管理活动。对价值目标的认同是目标管理的前提。目标管理理论强调组织目标的制定要得到所有组织成员的认同，没有认同感的组织目标是不切实际的目标，是难以达成的。有人说目标管理只注重结果，这是十分错误的说法。最新的目标管理理论不仅注重管理活动的一头一尾，除了最先确定价值目标、最终对完成价值目标的检验外，还对过程实施严格监督，让目标按既定的方向完成。目标管理的目的不是既成事实，而是要让管理者与被管理者通过共同努力，一步一步向既定目标靠近。实现以价值目标为中心的目标管理活动是一种刚性的量化管理，因此执行也是刚性的。目标管理理论除了注重价值目标外，在具体的应用中还要注意公平问题，这是目标管理理论的刚性所决定的。

（四）标准化管理理论

标准化管理理论是在专业化管理的基础上，由管理者组织专家制定管理的标准，并通过一定的法律程序予以确定。这种管理的思想十分明确，最朴素的道理就是“没有规矩不成方圆”。标准化管理虽然是组织和专家行为，但标准并不是武断的，而是既要有权威性，又要有社会基础和群众基础，是通过科学的过程制定的。在这个过程中有两个十分重要的环节，一个是标准的制定，一个是标准的执行。其中，标准的执行是标准化管理的核心，有时候可能是成功的关键。在管理活动中，有了标准不好好执行，或者执行起来走样，必将导致标准化管理的全面失败。当然，这不是标准化管理本身的问题，而是实施标准化管理的实践问题。

（五）组织管理理论

组织管理理论的实质是最高决策层设置管理的各级组织，规定各级组织的职能，通过领导核心、组织授权、组织实施等进行的管理。组织管理的重点是组织结构的设计，关键是组织职能的授权。组织管理理论要有严密的组织结构，要有明确的组织目标和组织功能，同时，还要有一套有效的组织运作机制，否则，再科学的理论，再完善的组织功能，没有好的运作机制都不可能“活”起来，组织管理活动也不可能有效地展开。

（六）模糊管理理论

模糊管理理论是一种现代的管理思想和方法，它运用模糊数学的管理思想与技术进行管理。这是一种在高层次人群中实施的管理行为，是一种软性管理。简单管理没有必要运用模糊管理，只有在复杂的、庞大的、中长周期的、高智商的管理活动中，模糊管理才能发挥其最大作用。

（七）混合管理理论

实际上，在组织活动中，特别是比较大的组织活动中，常用的是混合管理模式。混合管理是多种管理思想和方法的组合，在规模比较大的组织中，管理的内容比较复杂，头绪很多，活动项目的性质差距较大，运用某一种管理方式来进行全盘统领往往是不可能的，最好的方法是运用混合管理来完成。

三、高职教育管理

高职教育管理是根据高职院校教育的目的和发展规律，调配高职院校教育资源，调节高职院校教育系统内外的各种关系，进行计划、组织、领导和控制，以便达到既定的教育目标的过程。

从教育管理的层面来讲，高职院校教育是中等教育基础之上的教育，因此，它是指高职院校教育这一层面上的管理。

从管理的分类来讲，高职院校教育管理可以分为宏观高职院校教育管理和微观高职院校教育管理。从管理的内容来讲，高职院校教育管理可以分为战略规划管理、宏观调控管理和教育活动管理。

（一）高职院校教育管理的任务

高职院校教育管理的概念指出了高职院校教育管理的任务，那就是有意识地调节高职院校教育系统内外的各种关系和高职院校教育资源，以适应高职院校教育发展的客观规律。从一个国家或者地区来讲，高职院校教育系统是国家或者地区社会系统中的一个社会子系统；从高职院校教育组织系统来讲，高职院校也是一个子系统。由于系统中存在着多种矛盾，因此，高职院校教育管理的任务就是协调并最终解决系统中存在的矛盾。在高职院校教育管理中，要用系统论的思想来设计高职院校教育的整体和各部分之间、要素与要素之间、学校系统与外部环境之间、学校系统内部的子系统之间的相互关系，树立整体的观念，并通过有效管理实现系统要素间的整体优化。

（二）高职院校教育管理的目的

高职院校教育管理的概念还指明了高职院校教育管理的目的是不断促成高职院校教育系统目标的实现。在高职院校教育系统中，对人的培养是根本目的，高职院校教育系统的一切工作（包括管理工作）都必须围绕这一目的展开。高职院校教育管理是对高职院校教育系统中各种关系和资源的协调，通过有效管理，确保高职院校教育目的的实现。因此，高职院校教育管理最终也只是手段。当然，高职院校教育管理有其自身的需要，其自身也有目的，如效率就是管理的目的之一。

综上所述，不论是宏观的高职院校教育管理，还是微观的高职院校教育管理，依据的都是国家的教育方针，组织的发展目标，高职院校教育的基本规律，社会政治、经济、文化的发展背景与环境，通过立法、行政、经济、市场等手段进行协调和控制，保证高职院校教育人才培养质量、推动科学文化知识创新、促进社会进步等目标的实现，最终实现高职院校教育的可持续发展。

第二节　高职教育管理的基本原则

一、高职院校制定基本原则的指导思想

高职院校制定教育管理基本原则的指导思想，一是必须符合事物发展的客观规律。原则作为指导人们行动的准则，必须符合事物发展的客观规律。二是原则必须符合自己的目标。制定原则必须紧紧扣住自己所要实现的目标。抓住目标，原则的针对性才强。三是原则必须用语简明，概括准确。原则作为指导人们行动的准则，既要便于人们牢固地记忆，还要便于人们科学地使用。这就要求原则的根据、提炼必须准确。

二、高职院校教育管理的基本原则

根据现代高职院校管理的基本规律、基本原理，以及制定原则的指导思想，高职院校管理的基本原则概括如下。

（一）方向性原则

方向性原则是指高职院校不仅要善于实现管理的现代化、高效化，而且要始终不渝地坚持“教育必须为社会主义现代化建设服务，为人民服务”的方针，努力为现代化建设培养大批德智体美劳全面发展的新型人才。它是高职院校管理的一项首要原则，也就是说，要使教育“面向现代化，面向世界，面向未来”，为新时代我国的经济和社会的发展大规模地准备新的能够坚持社会主义方向的高技能人才。贯彻高职院校管理的方向性原则，关键在于有效地将共产主义世界观的培养与教育贯穿于高职院校教育管理的各项活动之中，有效地将坚持正确的政治方向放在学校工作的首位，努力把学生培养成为有理想、有道德、有文化、有纪律的社会主义建设者和接班人。

（二）整体性原则

整体性原则是指把高等职业教育的各种管理资源和管理对象及其与周围事物的联系作为一个整体去加以控制，使其系统、分层次地有序运行，以取得高等职业教育管理的最佳整体效应。高等职业教育既是一个独立的整体，又是社会统一整体的部分，必然要受到社会其他方面的影响和制约。在高等职业教育这个整体的内部，又可分为若干相对独立的、互相制约的要素或子系统，并维持着一种稳定、有序的状态。要对高等职业教育进行科学管理，不断提高管理效果，必须研究各种管理资源和管理对象及其与周围事物的关系。既要有整体观念，从全局出发，从整体上把握事物的特点，研究事物整体的协调及其与周围事物的联系；还要把事物分解为若干子系统或各种简单的要素，并研究各种要素的属性和它们之间的联系，从而使高等职业教育全部管理活动按照客观规律和谐运行。这样，高等职业教育管理才能充分体现现代科学在发展过程中互相渗透，形成整体化的趋势，并取得整体优化的管理效果。

（三）科学性原则

科学性原则是指在高职院校教育教学工作中，必须坚持实事求是，一切从实际出发，自觉地按照高等职业教育规律和管理规律办事，使各项工作井然有序，达到最佳管理水平。贯彻科学性原则，必须做到以下几点。

第一，管理者要具备科学素质。管理者要认识到管理是一门科学，缺乏科学素质，是无法做好管理工作的。

第二，建立科学的严格的管理制度，使各系统工作紧密配合。

第三，建立健全教职工责任制。各项工作专人负责，规定职责范围，目的是达到事事有人管，人人在自己的职责范围内充分发挥个人的聪明才智，做出更好的成绩。

（四）教育性原则

教育性原则是指高职院校教育管理工作不仅要通过管理完成一般的工作任务，而且要十分注意高职院校各项工作对学生的教育作用。高职院校是培养人、教育人的场所，青年学生可塑性大、模仿能力强，学校里的各种因素无时无刻不在影响着学生。所以高职院校的全体人员和全部工作都应当始终注意贯彻教育性原则。

1. 要求全校教职工都应注意自己思想行为的示范性

校长应是教职工的楷模，是学生学习的榜样，学校的其他领导干部和教职工都应当有高尚的道德品质和崇高的精神境界，应当在各个方面都堪称学生的表率。

2. 要求各项工作典范化

高职院校全体人员都应十分注意各项工作对学生的示范作用。各项工作都应严肃认真，一丝不苟；执行各种制度必须十分严格，不徇私。

3. 要求学校设施规范化

一所学校如果校舍整洁、环境优美，可以使人心旷神怡、精神愉快，对于优化教育教学环境、净化学生心灵、陶冶师生员工的思想情操、振奋精神、丰富生活情趣，都有重要的意义。

（五）高效性原则

贯彻高效性原则，要求管理者坚持正确的办学方向和目标，只有高等职业教育管理目标正确，工作效率高，才能取得高效益，在坚持正确办学方向的同时，管理者的每项具体决策必须科学合理，指挥得当。

贯彻高效性原则，要求管理者合理使用高等职业教育管理资源。高等职业教育在进行智力开发和人才培养过程中需要一定的资源，包括物力资源、人力资源、财力资源等有形资源，还有信息资源以及时间的利用、工作组织的改善、管理方法的革新等动态资源。动态资源具有无形和潜在的特点，它与有形资源合理结合，可以极大地提高高等职业教育的办学效益。

第三节 高职教育管理的基本方法

高职院校教育管理有着自己独特的管理过程。根据高职院校教育管理特点，其管理也必须采取不同于其他管理活动的方法。

一、调查研究法

调查研究法是高等职业教育管理者的一种基本功，是其必须具备的一种管理能力。要提高管理效率，就必须对所管理的对象有透彻的了解，就必须对它的现状和历史，对各类人员的基本素质、能力和要求，对工作中有利和不利因素等有全面的了解。而这一切信息的掌握，只能靠深入、周密的调查研究。这就要求管理者必须懂得调查研究的理论，掌握调查研究的方法。

调查研究是做好管理工作的基础。高等职业教育管理目标的决策、各项计划的制定、管理过程的有效控制、管理效果的最终评估等，都要以调查研究为前提和依据。只有通过深入调查研究，才能摸清情况、信息畅通、预测未来，管理工作才能成为有本之木、有源之水。常用的调查研究方法有直接观察法、报告法、个别访问法、开会调查法、填表调查法、通信调查法等。

(一) 直接观察法

直接观察法是调查人员深入现场，亲自观察、测量、计数以取得资料的方法。这样取得的资料，具有较高的真实性和准确性。

(二) 报告法

利用现行的统计报表获取需要的数据资料，同时也可利用被调查单位的原始记录等资料。

(三) 个别访问法

个别访问法是调查人员向被调查者逐一询问、记述以取得资料的方法。它的优点是由于调查人员对调查项目有统一理解，能按统一的口径询问取得资料。

(四) 开会调查法

为了研究某种问题，由调查人员有计划地邀请一些熟悉调查问题的人进行座谈讨论，以搜集所需要的资料。由于这种方法可以开展讨论，因而有可能把问题了解得更深一些，同时还可能找到解决问题的办法。

(五) 填表调查法

这种调查方法是调查人员将调查表送交被调查人，说明填表的要求和方法，由被调查者根据实际情况，按照表中栏目自行填写，然后由调查人员统一审核处理。这种方法可以节省人力和时间。但是，这种方法要求被调查者具有较高的文化素养和积极配合的态度，否则难以保证调查资料的准确性。

(六) 通信调查法

这种方法也是一种填表调查，其不同之处是这种方法的调查对象可能分散在各个地方，调查者和被调查者采取通信方式进行联系。这种调查方式不受地区的限制，能更为广泛地收集资料。

二、行政管理法

行政管理法是指高等职业教育者运用行政手段、行政方式进行管理。行政手段是指采用决议、决定、命令、指令性计划、纪律、规章制度、工作程序、标准、指标、定额、监督、检查等手段进行控制；行政方式是指以法律规定的行政强制力，去直接控制被管理者的行为。在高等职业教育管理中，行政管理法对于保证管理目标的实现而言是不可缺少的。但是，行政管理法如果运用不当，就会违背客观规律和人民利益，给高职院校工作造成危害。运用行政管理法应注意以下问题。

（一）正确使用行政管理法

行政管理法最突出的特点是其强制性和权威性。这种带权威性的强制性的行政管理法，应该是以客观规律为依据，从实际管理需要出发，反映群众的正确要求和愿望，因此它与违背客观规律和群众愿望的强迫命令、个人专断是不相同的。在管理工作中，不能把强制性命令与强迫命令相混同，错把强迫命令当成强制性命令来执行，不能把个人专断当成权威来执行。在高等职业教育管理中，不能任意扩大行政管理法运用范围，更不能滥用行政管理法。要根据不同的情况和条件，在必要的和可行范围内运用行政管理法，并不断改进和完善，使其更加符合客观规律和人民群众的愿望和要求。

（二）行政管理法要与其他管理方法结合使用

在高等职业教育管理中，其他管理方法的实施往往需要行政手段来实现。同样，运用行政管理法时，也必须与其他方法相结合，以弥补行政管理法的不足。

三、思想教育法

思想教育法是指通过有针对性的思想政治教育来提高高职院校师生员工的觉悟，激发人们的积极性、主动性的方法。思想教育法是高等职业教育管理的重要方法，而且对高等职业教育管理的其他方法的实施也有着重要的促进作用。

高职院校的思想政治工作，应服务于教育体制改革，培养合格的社会主义建设者和接班人，这是教育的中心工作。高职院校思想政治工作要同各项工作结合起来；思想政治工作要同教学工作紧密结合起来，寓思想政治工作于教育管理之中；思想政治工作要同后勤服务结合起来。以高质量的管理和优质的服务去教育学生，以全校教职工的良好形象和高尚道德品质去影响教育学生，把思想政治工作真正渗透到各个方面，渗透到管理全过程。学校思想政治工作是提高全体人员的社会主义觉悟，使教师为社会主义而教，学生为社会主义而学，职工为社会主义而工作。

四、学术研究法

学术研究法是指在高等职业教育管理中通过运用科学研究，开展学术活动来管理的方法。运用学术研究法应做到以下几点：

第一，高职院校的管理者重视学术活动，带头进行科学研究，在师生中起示范作用。

第二，在教师和技术人员中广泛宣传，讲明开展科学研究的重要性和必要性，引导大家明确其目的和意义，积极自觉地参加科学研究。

第三，组织科研骨干队伍、老教师对年轻教师进行传、帮、带，骨干教师要带领一般教师和技术人员，建设一支老、中、青结合的科研队伍，提高科研水平，以增加经济效益和社会效益。

第四，有计划地定期组织各类学术活动，开展科研成果交流活动，对科研工作成绩突出者和优秀者给予物质和精神奖励，提高大家开展科研活动的积极性。

五、教育激励法

教育激励法是教育方法和激励方法的有机结合，是调动高职院校全体人员为实现管理目标而努力工作的自觉性和积极性的重要手段。运用教育激励法应做到以下几点：

第一，要有求实精神。社会存在决定社会意识。运用教育激励法，教育是前提，不进行教育，不解决思想认识问题，激励就会失去方向，不能起到应有作用。运用教育激励法，研究了解人们的需要和现实生活中的矛盾是基础，如果不把解决实际困难和矛盾放在重要位置，教育就成了空洞的说教，达不到预期效果。

第二，要掌握好“质”和“量”的问题。教育激励法，采用了心理学、社会学、行为科学的许多理论，科学地运用这种方法，就要注意“质”和“量”两个方面。所谓“质”，就是要掌握准确、公道的原则。对问题要了解清楚，性质要抓准，采用的方法要“对症”，教育才有准确性，也才能公道，以理服人。所谓“量”，就是要掌握适当的刺激量，刺激量太大或太小都不利于调动和保持积极性。

第三，要讲究艺术性。所谓艺术性，主要表现在教育激励的时间掌握、形式变换上。在时间掌握上，既不能对思想问题的解决急于求成、操之过急，也不能拖拖沓沓，把一项教育活动拖得时间过长，还要注意把教育和激励紧密结合起来，防止脱节。在形式变换上，要讲究形式多样，交叉变换使用，有形和无形的工作要互相结合。

第二章 高职教育管理理念

第一节 高职教育管理人本理念

一、人本理念的概念

人本理念建立在对人的认识的基础之上。人本管理就是“以人为本”的管理理念，即以“人性”为核心，点亮人性的光辉，实现人的自我价值，提高人的整体素质，以谋求使人获得超越受缚于生存需要的更为全面的自由发展，从而实现组织目标，保证人与组织协调可持续发展的一种管理活动。

人是管理中最核心的因素。如何认识人的本质或本性是管理中的重大问题。人在管理领域中定位如何，人与管理目的的关系紧密与否，一直是管理学探讨和研究的核心课题。随着社会的发展和人类文明的进步，管理中的人性越来越引起人们的普遍关注。自古以来，中外学者对有关人性方面的假设都有自己独特的见解。如“受雇人”“经纪人”“管理人”等。

马克思主义从人的存在和发展一般规律出发，论述了人的本质，从而奠定了人本管理的基础。马克思主义认为，人的本质通过人的三种属性表现出来：一是人具有自然属性，一方面，人具有自然力和生命力，是能动的自然存在物；另一方面，人又是受动的、受制约和受限制的存在物。二是人具有社会性，是社会的人，人的本质是人的真正的社会联系，是人在积极实现本质的过程中创造、生产人的社会联系和社会本质，人的社会本质不是抽象的，而是具体的。正因为人具有社会性，所以，人必然受到社会各种因素的影响，其中涉及与他人的关系。人的个性是人的社会属性的具体表现。因为个性是由社会性决定的，所以影响个性形成的因素主要是社会因素，个性的发展有赖于社会提供给个人的实际可能性。三是人具有精神属性，即人有理性、能思考、有思想感情、渴望自由与平等等精神方面的特性。可以说，如果抛开精神属性，就无法有力地说明人在自然属性和社会属性上与动物有本质区别。

需要是人的本性。人的一切活动无非是使自己的需要得到满足，而这种需要是多样的、复杂的，按满足需要对象的形态可分为物质需要和精神需要。按需要层次分，马克思主义从哲学的高度把需要分为生存需要、享受需要和发展需要三种层次；美国心理学家马斯洛则把需要分成生理需要、安全需要、归属需要、尊重需要与自我实现的需要。人的需要就是生存的需要、情感与自尊的需要、创造发展的需要；生存的需要是人的最基本的需要；情感与自尊需要属于精神需要的范畴，是建立在物质基础之上，但又超越物质需要，是人的本性决定了人需要情感、自尊；而创造发展需要则是高于情感与自尊的需要，是人在不断发现自我中创造和发展自己，是人固有的本质力量，而创造性的实践活动正是人的本质力量的体现。以人为本，就是人类的一切活动都要以满足人的需要为出发点，以实现人的全面发展为目的。从教育的起源和发展来看，教育产生和存在的前提是人，教育的目的是更好地实现人的自身价值。教育是以人为对象的活动，人贯穿于整个教育活动的始终，人是教育的主体。高职院校贯彻以人为本的教育管理理念，就是一切以教师和学生的发展为核心，为师生创造良好的发展条件和空间，实现其最大限度的全面发展。

学校教育管理是一门科学和一门艺术。向管理要质量，向管理要效益，早已成为现代人的共识，然而，如何管理才能创造出高质量和高效益是摆在每位学校管理者面前的一个重要课题。进入新时代，理解人、尊重人的价值观将会得到广泛认可，“人本管理”理念将成为学校管理的重要内容。在“人本理念”的指导下，管理者不再把员工视为管理的对象，而是“战友”和“同盟军”。管理者对员工的态度将发生根本的转变，真正尊重员工，相信每位员工都能把工作做好，都具有做最佳员工的内在原始冲动。而阻碍员工达到这一目标的主要因素不是员工自身，而是管理者提供的环境条件。在这种情况下，员工的行为将发生根本的改变，不再因害怕惩罚而被迫工作，也不再因期望奖励而向管理者展示积极性，蕴藏在员工内心深处的价值实现感、成就感、事业心、自尊、自爱、自强心理与主动性、创造性将自然地发挥出来，进而可以自觉与管理者一道，把工作做得更好，为企业注入更强劲的发展动力。

二、人本理念的要点

高职院校的质量、效益、目标都是通过教师实现的，尤其是在知识经济呼唤创新精神的时代，教师的民主意识、参与意识极大增强，自主精神大大提高，学校管理更应最大限度地发挥教师的积极性、主动性、创造性。工业经济时代的传统教育是一种“标准化”教育，与之相适应的学校管理是强调统一性的“刚”性管理；而新经济时代的教育是鼓励创新的教育，与之相适应的学校管理是有较高理智水平的“柔”性管理。“柔”性管理是一种采用非强制方式和非权力性影响力，在人们心目中产生潜在的说服力，从而把组织意志转变为自觉行动的管理，“柔”性管理的最大特点是以人为本。有专家认为，“柔”性管理将成为21世纪学校管理的主要模式。

美国哈佛大学教授詹姆斯在如何对职工实施激励的研究中发现，按时计酬的职工仅能发挥出其能力的20％～30％，而如果对其施以充分激励，职工的能力可发挥出80％～90％，职工在受激励前和受激励后相比，潜力的发挥程度相差很大，这就是激励的作用。管理学家还认为：在任何管理中，人是起决定性作用的因素。为此，任何管理都要以人为中心，把提高人的素质、处理人际关系、满足人的要求、调动人的积极性和创造性的工作放在首位。人是管理的第一要素，人的精神因素和主观能动因素要靠强有力的成功的思想教育去调动。

“以人为本”的管理是在管理中高度重视人，服务于人，把人作为管理的主要对象、管理的最重要资源和管理的最终受益者，弘扬和尊重人的价值，全力开发人力资源，激发人的潜能，发展人的个性，以谋求人的充分、和谐、全面、自由发展为最终目的的管理。以人为本的管理核心是把握人的心理规律，以关心人、尊重人、激励人的“柔”性管理为出发点，改善人际关系，激发人的积极性、主观能动性和创造性，从而提高劳动效率和管理效率。学校是知识分子密集区，教育管理中的人本理念就是要进一步解放教师，使每位教师的积极性都得到充分调动，创造力得到充分发挥。为此，必须找到一种能充分发挥教师聪明才智的制度结构，以打破对教师自由创造性的限制，彻底清除“外压内耗”的人为樊篱，提倡文明治校。即对教师的管理不仅要有严格的规章制度，还应体现在对教师的个性的理解和尊重，为教师提供实现自我价值的机会，满足教师的成长需求。只有充分信任和尊重他们，创建民主、和谐、轻松的教学氛围，并为教师提供一个创造性地发挥教育智慧的空间，才能使教学工作生机勃勃。

三、人本理念的实践

高职教育的培养目标是培养拥护党的基本路线，适应生产、建设、管理、服务第一线需要的德智体美劳全面发展的高素质技术技能人才。这一表述充分体现了以人为本的思想，为高职院校的管理工作指明了方向，因此，高职院校的决策者应把握人本管理的内涵，把握内求团结、外求发展的管理艺术。具体体现在以下五个方面。

（一）深化对人本管理理念的认识

如何体现“以人为本”，即高职院校的教育管理决策和人事政策的价值取向应该关注哪些群体？对于教师，在学术上要保障他们自由探索的权利并给他们提供学术研究的条件，在决策时应尊重教师们的愿望和要求。清华大学原校长王大中教授曾阐述过“以人为本”的内涵：第一，要在学校的各项工作中重视人的因素，正确认识人的价值，发挥人的主观能动作用；第二，学校教育的本质是一个人文化的过程，是一个以人（教师和学生）为中心的过程；第三，在所有资源中，人才是最重要的；第四，不但在学术上发挥专家、教授的积极作用，在管理上也要发挥专家、教授的积极作用，要确立教师在办学治校过程的核心地位。这些观点使我们认识到学校是一个以“人”为中心的活动场所，其管理活动是一种事实与价值相统一的过程，应该寻求人的活动的意义，努力实现人的价值。

（二）树立以学生为本的思想

“以人为本”对于学生而言就是落实在教学过程中的主体地位，全面推进素质教育。深化教学改革、创新人才培养模式、提高教学质量成为学校全面推进素质教育的核心工程之一。学校应致力于创新教学模式的实验与研究，建立以培养学生自主学习能力、创新精神与实践能力为主旨的教学体系，把调动学生学习积极性、加强学生学习指导性、提高学生学习有效性作为评价教学质量的基本标准。在教学活动中，要重视师生互动，创造和谐氛围；要鼓励学生互动，培养自我调控能力；要为学生创造自我表现的机会，使学生不断有成功的体验；要通过“设疑、讨论、交流”等教学形式的创新激发学生的主观能动性。

从性质上分析，高职院校是一个教育机构（向社会提供准公共产品，完成一定的社会目标）；从服务对象上分析，高职院校的服务对象无疑是学生，服务的提供者是作为法人的学校和作为自然人的学校教师，学校和教师提供的教育服务质量直接影响着学生质量和学生对所购买的教育产品的满足程度。因此，教育的主体是教师，客体是学生。从这个角度看，教育的以人为本应该是以教师为本，学校应该通过充分调动教师在教学和管理方面的积极性，提高教学质量，为学生提供最好的教育产品和服务，但是，以教师为本并不意味着教师比学生重要，学生应该是学校一切工作的核心，因此，应将学生利益放在一切利益的首位，只有这样，才能最大限度地培养出优秀的符合社会需要的人才，才能最终保证教师的最大利益和学校的可持续发展。从另一个角度分析，学生不仅是单纯的“顾客”，同时，还是学校作为一个非营利组织的成员，学校的工作效率和教育水平不仅取决于教师，而且取决于学生的参与程度和配合程度。因此，学生既是教育的主体，也是教育的客体，兼具双重角色。由此可见，教育以人为本应该是以师生为本，教师和学生都是教育的主体，而且学生应该是比教师更重要的教育主体，因为他们既是顾客，又是学校的重要组成成员，对于促进学校教育水平的提高和学校的发展起着不可替代的作用。教师的主体功能是以满足学生的主体需要为前提，学生必然成为教育的核心主体。学校要树立以学生为本的观念，学校的一切工作都是为学生服务的，应该把培养学生成为富有主体精神和创新精神的人作为学校教育的核心目标。若要实现这样的目标，必须有高水平、高素质和高度责任感的教师，若没有一流的教师，则很难培养出更多一流的学生。只有充分发挥教师的主体精神，激发他们的主动性和创造性，才能塑造高层次的教育平台。

（三）强化情感管理

情感管理是一种通过情感的双向交流和沟通来实现的有效管理，以情感为主要特征的管理方式，它把调动人的积极性作为出发点和归宿点。一方面，管理者可以及时了解师生的合理需要；另一方面，还可以减少上下级之间、师生之间的矛盾，从而激发教师教书育人的积极性和学生刻苦学习的积极性，提高学校的育人效率。传统的走动管理和网络时代的互动管理都是情感管理的有效方式。如院系领导带头使用 QQ、微信等网络通信工具即时与学生一对一地交流，进行思想和学习方面的沟通等。通过这些非正式的沟通与接触，学校的管理层可以了解到师生更多的愿望和要求，解决师生在教学和生活中的困难，消除误会，加深理解，增进感情，提高学校的凝聚力。另外，学校管理层也可将激励作为高职院校人本管理的一种途径。激励是管理的核心，也是人本管理的核心。由于激励的对象是人，因此，善用激励方式的管理者常常是优秀的人性化管理理念的实践者。

(四) 重视文化管理

文化管理是在一定的组织中，由共享的理想、价值观和行为准则构成，使个人行为能为集体所接受的共同标准、规范、模式的整合。高职院校文化管理是以人为本的管理的最高层次。它可以营造适合学校人文精神发展的校园文化，使师生形成共同的价值观和共同的行为规范，正确认识人与物、个人与整体、学校与社会、教育与服务等各种关系，进而保持个人、学校和社会的可持续发展。为此，学校可以通过科技节、文化节、文化沙龙、影视评论、演讲会、辩论会、人物报告会等多种形式，大力开展校园文化活动，让师生的思想、道德、情操在丰富多彩的校园文化活动中升华，使师生的责任感、使命感、义务感、奉献精神得到强化。

教育管理者应提倡尊重教育规律，尊重人才成长规律，尊重教育对象的身心成长规律，建立民主、平等的师生关系，教师应该深入了解学生、关怀学生、乐于和学生交往并及时掌握了解学生的动态，帮助学生克服困难，乐于接受学生的监督，尊重学生在教学中的主体地位，尊重学生的自尊心，尊重学生的个性特点与兴趣，创设民主的教学氛围；鼓励学生提出教学建议并积极采纳，鼓励学生发表不同见解；尊重学生独到的见解，了解学生的心态与需求。教师对学生坦诚相待、热情关怀，就会缩小师生之间的心理距离，促进学生的自我发展与师生的相互尊重等。这就是一种满足个性的以人为本的价值观念。若以这种价值观念进行教育管理，则必然形成一种民主、自由、和谐，富有创造力的校园文化。

第二节　高职教育管理系统理念

一、系统理念的概念

系统是指由若干相互联系、相互作用的部分组成，在一定的环境中具有特定功能的有机整体。就其本质来说，系统是过程的复合体。系统理念是指运用系统理论中的范畴和原理，对组织中的管理活动和管理过程（特别是组织结构和模式）进行分析的理念。系统理念的要点包括：组织是一个系统，是由相互联系、相互依存的要素构成的；根据需要，可以把系统分解为子系统，子系统还可以再分解。如为了研究一个系统的构成，可以把系统分解为若干个结构子系统；为了研究一个系统的功能，可以把系统分解为各个功能子系统，而对系统的研究就可以从研究子系统与子系统之间的关系入手。

系统在一定的环境下生存，与环境进行物质、能量和信息的交换。系统从环境输入资源，把资源转换为产出物，一部分产出物为系统自身所消耗，其余部分则输出到环境中。系统在投入—转换—产出的过程中不断进行自我调节，以获得自身的发展。

运用系统观点来考察管理的基本职能，可以提高组织的整体效率，使管理人员不至于只重视某些与自己有关的特殊职能而忽视大目标，也不至于忽视自己在组织中的地位和作用。

二、系统理念的要点

（一）开放与流动原理

在现代管理中，其中的任何一个系统，都已经不再是孤立的、封闭的、静态的简单系统，而是有着广泛联系的、开放边界的、动态的复杂系统。这样的系统有一个基本特征，就是开放性和流动性，因此，在系统中充满了各种各样的联系，按照系统科学的观点，联系是由流通所决定的。在这个意义上，我们完全可以说，一个系统的活力就在于流通的性质与流通状况。系统的联系与流通，一般可分为系统与外部环境之间的联系与流通及系统内部的联系与流通。系统与外部环境之间的联系与流通，即系统不断地从外部环境中吸收维持和发展本身活力所需要的物质、能量和信息，同时，不断地向外界输出影响本身活力的物质、能量和信息。系统内部的联系与流通主要表现为内部的信息流，具体可体现为物流、资金流、人员流及管理方式和程序。

（二）功能与结构原理

功能和结构是系统论中的两个基本概念，二者常常同时使用，因此，系统功能和系统结构的关系，就成了系统研究中的一对基本关系，二者之间的关系可以表述为：系统功能的决定性和系统结构的体现性，即系统的结构是由系统的功能所决定的，而一定的系统结构只能体现它所对应的系统功能。正因为如此，在研究系统的秩序（或“有序结构”）问题时，要特别注意认真研究决定有序结构（结构序）的“功能序”，研究各因素间通过支配作用形成的联系并表现为支配链的“因子序”。研究系统中处于支配地位或支配作用的因素，即所谓“序因子”，发现其决定着系统的秩序。序因子的变化即支配关系或“主从关系”的变化，也就使系统的结构秩序发生变化，即“序变”。

（三）分解与协调原理

一个系统之所以可以分解，是因为系统由许多元素或许多子系统组成，而这些元素或子系统具有各自的结构和能级；一个系统之所以可以协调，是因为系统的构成元素或子系统之间具有相关关系，这种相关关系主要表现在：元素与元素之间的相关关系，元素与子系统、元素与系统之间的相关关系，系统之间的相关关系，子系统与系统之间的相关关系，系统与外部环境之间的相关关系。一个系统之所以需要分解，是为了研究子系统的结构与功能，以便更充分地展开子系统的能级；一个系统之所以需要协调，是为了有效地进行整合，以便充分地实现系统的整体性功能。系统的分解和协调过程是系统进行优化的过程，有助于纠正一些人把“局部服从整体”视为系统优化的全部观念的误解。实际上，系统优化过程包含了这样的基本思路：第一，将大系统分解为不同等级的子系统或不同职能的分系统，按照局部标准进行局部优化；第二，根据整体标准对子系统进行系统协调。这种分解和协调的过程要循环进行多次，优化过程的结果表现为系统整体最优，而各子系统或分系统也达到最优或接近最优。

三、系统理念的实践

高职院校的教育管理是一项复杂的系统工程，涉及诸多方面内容：一是制定合理人才培养方案；二是教学基本建设；三是师资队伍建设；四是科学合理地组织理论教学和实践教学；五是教学改革与研究；六是课堂教学和第二课堂活动相结合；七是教学质量保障体系。以上这七方面既是相对独立也是相互联系的。要做好教育管理工作，就应把它们视为有机整体和系统工程去研究，而不能作为彼此孤立的方面分割探讨。运用系统的思维和方法来进行计划、组织、协调、控制，才能提高高职院校教育管理的效率，取得最佳管理效果。

针对高职院校教学系统的特点，高职院校教育管理中系统理念的运用应包括以下三个方面。

（一）更新教学理念，创建“学习型组织”

“学习型组织”是近年来风靡世界的新型企业管理组织，是21世纪全球企业组织和管理方式的新趋势。美国麻省理工学院斯隆管理学院资深教授彼得·圣吉认为，学习型组织是指具有如下特征的组织：组织结构扁平化；组织交流信息化；组织形态开放化；员工与管理者关系由从属关系转为伙伴关系；组织能够不断调整内部结构关系等特征。进入新时代，每个人必须随时接受最新教育，人人都要持续不断地增强学习能力，才能在新时代中生存、发展与成功。学习型组织是一种普遍适用的组织形式，凡是有人群的地方，不论其种类、层次之不同，规模之大小，在理论上都可以建立学习型组织。进入新时代后，随着我国教育改革的不断深入，创建学习型组织将成为高职院校组织建设的必然选择，无论是教师的教还是学生的学，都以学习为前提，因此，教师自身的继续教育与持续学习就显得格外重要。

（二）加强教学的考核评价工作

任何一个系统，只有通过信息反馈，才能实现有效的控制，从而达到预期目的。教学考核评价是诊断与改进系统的依据。教学考核评价主要由教学专家、教育行政管理部门、领导、同事、学生等从不同角度来实施，考核评价对象涉及教学过程的各个方面，考核评价的方式主要有问卷、访谈及讨论。宏观与微观，定性与定量，即时与跟踪，过程与结果，总结性评估等，应根据评估的内容和目的选择使用，以获得全面而准确的数据。教学评估的结果对改进下次或下一个教学项目，有很好的参考价值和指导意义，可以使教学绩效更高，有利于避免资源浪费。

（三）处理好突出重点和整体提高的关系

高职院校教育管理是一个整体，整体的优化取决于各组成部分之间关系的优化与协调，因此，高职院校的教育管理必须具有开放性，以重点带动一般的方式提高整体教学水平。

总之，高职院校教育管理工作要树立系统的理念，不断研究高职院校教育管理中的新问题，探索切实可行的管理模式，以提高管理的整体效益和效率，从而为教育管理建设服务。

第三节 高职教育管理就业理念

高职院校要适应人才市场的需要，以培养学生的就业能力、创新能力、创业能力为重点，突出实践教学，创新人才培养模式和机制；要配备强有力的就业工作队伍，建设并完善就业服务体系，把就业指导的“全程化、全员化、专业化和信息化”提高到新的水平上。职业教育必须坚持以就业为导向进行改革创新，要牢牢把握面向社会、面向市场的办学方向。因此，高职院校要培养学生树立正确而良好的就业理念。

一、高职院校就业理念的实践

高职院校应在教育管理中明确“以服务为宗旨，以就业为导向，加强毕业生的思想教育、就业教育、创业教育，拓宽毕业生就业渠道，完善毕业生就业追踪调查工作，把就业作为学校绩效考核的重要指标，全力完成毕业生的就业工作”的任务，逐步实现“就业指导理念人本化，就业指导工作系统化，就业指导人员专业化，就业指导服务全程化，就业指导形式多样化，就业指导责任全员化”的最终目标。

（一）就业指导工作系统化

解决就业问题要从专业设置和专业建设入手，高职院校专业设置和专业建设要瞄准经济与产业结构调整的走向，在广泛调研的前提下，组成由行业、企业、学校参加的专业建设指导委员会，对人才需求预测、产业发展前景分析、人才培养目标、教学计划安排、主干课程设置、能力结构要素、专业开办条件及专业建设的社会可利用资源等方面进行评议、论证、审核。通过这种产销链接的形式，学校专业设置的定向才能是明确的，专业建设的目标才能是清晰的。与此同时，由于社会需求的不确定性，应及时进行专业调整、改造；同样，专业建设也需要这种产销对接的形式给予其新的内涵。

1. 高职教育必须以就业为导向，进行正确定位，才能办出特色。

首先，高职教育要坚持以社会需要为目标，坚持面向生产、建设、管理、服务第一线，根据岗位和岗位群需要，培养下得去、留得住、用得上，实践技能强，具有良好职业道德的高素质技术技能人才。

其次，专业设置上，要突出地方性、实用性和灵活性。

最后，专业建设坚持就业导向，专业教学的各个环节都要以就业为导向，形成有利于就业的教学链，做到教室、实验室和现场相结合，知识学习和技能操作并重，使学生在校时与社会近距离，毕业时与社会零距离。

2. 高职院校从人才培养模式的创新做起，进行教学体系的改革，努力打造订单式的培养方式，满足用人单位的需求。

首先，要进行课程设置和教学内容的整合。进行文化基础课、专业基础课、专业实践课的课程结构安排调整的学校越来越多，根据用人单位需要，调整课程设置和课程教学内容，实施课程整合。

其次，实施订单培养试点。高职院校可瞄准市场需求，主动根据用人单位需要进行教学改革，包括实施专业设置、课程安排、教学内容、教学形式与方法等各方面的调整，适应对应企业技术岗位对技术、工艺的需要，毕业生走上工作岗位后很快能进入职业环境，适应技术要求，安心投入岗位工作。这种方式减少了用人单位在岗前培训所需花费的人财物方面的投入，非常受用人单位欢迎。

再次，推行毕业实习、毕业设计和就业相结合。将毕业设计环节放到企业中去进行，同时，进行上岗前的训练，有利于企业了解毕业生并作为企业接收的考察过程。

最后，实施1+X证书制度。高职学生通过培养参与考核获得全日制普通教育学历证书，同时，根据专业发展、产业发展、技术革新和个人就业创业、兴趣爱好、可持续发展、终身学习的需要申请培训和考核获得多种职业技能等级证书。有利于提高学生转换岗位的适应能力和满足社会发展对人才多样性、复合型需求，提高学生的就业能力和创新创业本领。实施1+X证书培养制度，既是进行人才培养模式改革的重要内容，也是提高毕业生就业质量的重要保障。

（二）就业指导人员专业化

拥有高素质的就业指导人员是开展高水平的就业指导工作的人才保障。高职院校应尽快提高就业指导教师队伍的整体业务素质，将就业指导教师队伍建设纳入整个学校师资队伍建设中，努力提高就业指导队伍的专业化和职业化水平，不断加强对现有就业指导人员的培训，逐步建立一支具备人力资源管理、教育学、心理学、社会学、法律、劳动人事学等相关知识的专业化、职业化师资队伍。

（三）就业指导服务全程化

学生择业观的形成是一个连续的、渐进的过程，需要较长时间的培养和积累，因此，就业指导不应局限在临近毕业阶段，应贯穿人才培养的全过程。就业指导工作必须从大学一年级开始，对学生职业生涯进行一个全面的、详细的、具体的规划，向各年级的学生介绍就业的最新动态，而不仅仅局限于毕业生。三年的就业指导可以逐步构建“入学初引导教育、入学后渗透教育、实习中跟踪教育、毕业前强化教育”的全程化服务体系。具体实现以下目标：一是提早开展就业指导教育，使每个学生明白国家的就业政策是“双向选择、自主择业”，让学生明白自己是就业的主体，使学生树立起危机感和忧患意识；二是就业指导教育可以使学生能够面对现实，转变择业观念，树立起“为了明天的就业，今天要努力学习”的良好心态，确立奋斗目标和今后职业理想；三是就业指导教育可以帮助学生在就业和未来发展方面得到科学规划，启发学生认识自我，从性格、能力、专长、价值观、事业兴趣、心理测试等提出人生规划；四是就业指导教育，可以给学生传授求职技巧，包括应聘信、面试、服装、社交仪态、化妆、角色体验等必要的培训，使学生能提前做好就业准备，真正面向市场。

（四）就业指导形式多样化

高职院校应充分利用社会资源，采取多种形式，提高就业指导工作的针对性和有效性，具体途径有：一是聘请相关专业教师或职业辅导专家对学生开展就业形势政策分析、职业生涯规划、职业咨询服务、求职技巧等方面的讲座，提高学生整体就业素质；二是加强就业信息网络建设，为毕业生和用人单位提供高质量的信息服务平台，同时，还应该加大毕业生就业信息和就业状况的分析和调查，建立校友会；三是拓宽渠道，扩大毕业生就业的领域，高职毕业生就业的主要方向是基层的生产、建设、管理与服务一线，因此，高职院校要努力培养学生的自我创业能力，要注重培养学生“白手起家”创办小企业的精神，使更多的求职者变成岗位的创造者；四是了解市场需要，掌握用人单位需求动态，举办人才招聘会。

（五）就业指导责任全员化

如果说就业指导工作是一项长期性的系统工程，那么它的顺利实施也一定要借助相关工作人员的共同参与。提高高职学生的综合素质，增强其在职业社会中的竞争能力，理应成为高职院校全体教师的责任。辅助开展这项工作的人员范围非常广泛，包括高职院校各级领导、学校就业指导专干、学生管理工作者、专业教师、心理咨询人员、行政人员及后勤服务人员等。所谓全员的概念，就是要调动校内外所有涉及和关心高职学生就业工作和职业发展的所有人士的关心和参与。强化就业指导理念的人本化可以实施就业指导工作的系统化、专业化、全程化、多样化、全员化，许多高职院校不仅在人才培养方面取得了较大成效，而且也使毕业生的职业能力有了显著提高，尤其是高职院校毕业生的就业率和就业质量也有了较大幅度的提高。

二、高职院校就业理念的提升

高职院校就业理念的提升是一项系统的工程，主要应从以下三方面进行努力。

（一）规范日常就业指导工作

日常就业指导工作的规范化需要重新调整就业指导部门机构。在此前提下，高职院校应进行科学的岗位职务分析，并依据职务分析的结果进行细致的工作分工。首先，要实行责任到人，挂牌上岗的管理制度；其次，要建立就业指导的流程化管理，从新生入学开始，就业指导就要开始工作，按照大学生能力与心理发展特点，分阶段地安排工作内容，把就业指导贯穿整个大学的教育过程。这实际上是就业指导工作环节的规范化。

（二）强化就业指导和完善调研制度

首先，高职院校要努力强化现行就业服务指导所从事的各项基本工作，使诸如签约、办理手续等日常性工作的水平大幅提升。这一任务应在短期内完成，从而为进一步开展其他工作提供一个良好的平台。其次，高职院校若要建立需求预测和工作调研制度，一是要通过对就业市场的预测，帮助毕业生正确把握就业方向，也为就业指导机构调整工作内容提供客观依据；二是要通过对毕业生就业工作情况、就业指导机构运作情况和各有关方面情况的调研，总结成功经验，发现问题，为改进工作方式和提升工作水平找到依据。

（三）建立职业规划指导工作评价系统

对职业规划指导工作进行考核评价是强化就业服务指导工作、满足高职院校学生和用人单位需求的重要手段。为此，就需要建立一套对就业服务指导工作全面考核和评价的体系。在评价内容方面，除国家对各高职院校的“一次就业率”要求和学校内就业工作目标外，还进行服务对象对就业指导机构的“工作满意度”调查。调查的内容不仅包括服务项目、服务水平和服务态度方面，还应该包括对高职学生职业生涯塑造效能方面的指标。上述评价及跟进的措施可以有效地促进高职院校学生的就业，从而提高学生与用人单位对就业服务指导工作的满意度。

第四节　高职教育管理创新理念

教育管理工作不是一项简单的适应性工作，而是一种不断解决新问题的创新工作。教育管理改革与创新要求管理者在充分尊重教育管理客观性的同时也要充分发挥管理的主观能动性。

一、创新理念的概念

当“创新”这个名词在管理学或经济学的教科书中出现时，通常与设备的更新、产品的开发或工艺的改进联系在一起。无疑，这些技术方面的革新是创新的重要内容，但不是全部内容。创新是一种思想及在这种思想指导下的实践，是一种原则及在这种原则指导下的具体活动，是管理的一种基本理念。

二、创新的类别与特征

系统内部的创新可以从不同角度考察。

从规模及对系统的影响程度来考察，可将创新分为局部创新和整体创新。局部创新是指在系统性质和目标不变的前提下，系统活动的某些内容、某些要素的性质或其相互组合的方式，系统的社会贡献的形式或方式等发生变动；整体创新则往往改变系统的目标和使命，涉及系统的目标和运行方式，影响系统的社会贡献的性质。

从环境的关系来考察，可将创新分为消极防御型创新与积极攻击型创新。防御型创新是指由于外部环境的变化对系统的存在和运行造成了某种程度的威胁，为了避免威胁或由此造成的系统损失扩大，系统在内部展开的局部或全局性调整；攻击型创新是在观察外部世界运动的过程中，敏锐地预测到未来环境可能提供的某种有利机会，从而主动地调整系统的战略和技术，以积极地开发和利用这种机会，谋求系统的发展机会。

从组织程度上看，可将创新分为自发创新与有组织的创新。任何社会经济组织都是在一定环境中运转的开放系统，环境的任何变化都会对系统的存在和存在方式产生一定影响，系统内部与外部直接联系的各子系统接收到环境变化的信号后，必然在其工作内容、工作方式、工作目标等方面进行积极或消极的调整，以应对变化或适应变化的要求。与此同时，社会经济组织内部的各个组成部分是相互联系、相互依存的。系统的相关性决定了与外部有联系的子系统根据环境变化的要求自发地做出调整后，必然会对那些与外部没有直接联系的子系统产生影响，从而要求后者也作相应调整。系统内部各部分的自发调整可能产生两种结果：一种是各子系统的调整均是正确的，从整体上说是相互协调的，从而给系统带来的总效应是积极的，可使系统各部分的关系实现更高层次的平衡，除非极其偶然，否则这种情况一般不会出现；另一种是各子系统的调整有的是正确的，而另一些则是错误的，这是通常可能出现的情况。因此，从整体上来说，调整后各部分的关系不一定协调，给组织带来的总效应既可能为正，也可能为负（这取决于调整正确与失误的比例），即系统各部分自发创新的结果是不确定的。

与自发创新相对应的是有组织的创新。有组织的创新包含两层意思：系统的管理人员根据创新的客观要求和创新活动本身的客观规律，制度化地检查外部环境状况和内部工作，寻求和利用创新机会，计划和组织创新活动。与此同时，系统的管理人员要积极地引导和利用各要素的自发创新，使之相互协调并与系统有计划的创新活动相配合，使整个系统内的创新活动有计划、有组织地展开。只有组织的创新，才能给系统带来预期的、积极的、比较确定的结果。

鉴于创新的重要性和自发创新结果的不确定性，有效的管理要求有组织地进行创新。为此，必须研究创新的规律，分析创新的内容，揭示创新过程的影响因素。

当然，有组织的创新也有可能失败，因为创新本身意味着打破旧的秩序，打破原来的平衡，因此，具有一定的风险，更何况组织所处的社会环境是一个错综复杂的系统。这个系统任何一次的突发性的变化都有可能打破组织内部创新的程序。有计划、有目的、有组织地创新，取得成功的机会无疑要远远大于自发创新。

三、创新理念的实践

（一）高职院校教育管理理念的创新

当前，我国高等职业教育已从单纯的规模扩张转向质量提升和内涵建设的方向。如何进一步提高教学质量，办人民满意的高职教育，已成为高职教育从业者和全社会最为关注的问题。随着教育规模的不断扩大，高职院校在办学模式、教学方法、实训基地建设、实现“产学研一体化办学，打造岗位能手”的培养目标等方面还需要进行更深入的研究和探索。从世界范围来看，教育创新被认为是教育发展的大趋势、大方向。如果教育缺乏创新思维，缺乏办学方式的更新，那么教育现代化就无从谈起。高职院校如果不能摆脱传统的办学模式、传统的办学思想、短视的固有观念和传统的管理思维，就必然会被时代的潮流所淘汰。高职院校要提高人才培养质量和核心竞争力，必须促进产学研紧密结合，构建创新教育管理模式，积极探索新的管理机制。

1. 教育观念的创新

观念的转变构成了高职院校发展的基本条件。思路决定未来的方向，只有不断创新，高职院校才能实现可持续发展。在教育观念上，要打破陈旧的模式和基调，树立独具高职教育特色的新的教育观念。因此，应树立以下五个观点。

（1）速度发展观。高职教育的竞争不仅仅局限于硬件资源的竞争，还涉及办学理念、教学质量与特色、教学速度的竞争。我们必须始终把追求变革、快速发展作为第一要务。高职院校需要跳出传统的、习惯的、熟悉的思维模式，坚定地追求快速进步，采取超越他人的创新思维和行动方案。

（2）市场第一观。高职教育管理要树立市场导向观。高职教育的生命力体现在培养符合市场需求的“人才产品”上。没有市场就没有高等职业教育。脱离市场办学，必然被市场抛弃。在专业建设、课程设计、教学改革等方面，要根据市场需求来进行，而在质量保障方面，还是要根据市场对人才的具体需求来进行。我们需要树立这样的市场观：超越自我不是创新，超越他人不是创新，只有赢得市场才是真正的创新。与企业紧密合作，依托行业资源，与科研紧密结合，推进产教融合、校企合作、产学研结合、校企共育。坚持在服务中求衔接，始终把专业技术作为联系各行各业的关键环节。不受社会需求影响的专业坚决不办；缺乏企业支持的专业坚决不开；没有企业家指导的专业坚决不办；专业不能形成独特优势的坚决不办；营造“产业—专业—职业—就业—立业”的市场环境。

（3）特色建设观。高职院校人才培养特色建设是一项全面而复杂的系统工程，需要在培养目标、教学方法、教学环境、教师素质等方面进行全面改革。高职院校要想在激烈的竞争环境中求得生存和发展，为区域经济增长提供服务，就必须摒弃传统的“学科式”教育模式，积极推进产学研深度合作，实施多证书教育模式，强化实践教学，不断提高整体办学质量，努力塑造独具特色的教育特色。高等职业教育要实现理论与实践互动、培养与需求联动，确保专业与市场对接。确保课程内容与实际工作岗位相匹配；职业资格标准与关键技能相衔接；实训要与行业新技术、专业新技能相结合。高职院校在与其他院校融合的过程中，要明确自身角色定位，彰显办学特色。

（4）人才培养观。“进来的是新手、走出的是能手”构成了高职教育人才培养的核心理念。在新时代，高职院校需要的人才不仅要有面向世界的能力，还要有面向未来的眼光，他们不仅要有综合素质，还要能马上投入到工作中去，是适应市场经济需要的，具有现代意识和技能的创新型、创业型和革新型人才。要培养这样的人才，就要在培养方向上强调职业导向；在培养目标上重视技术应用；在培养过程中强调实践开放；在教学方法上具有较强的适应性和灵活性。教学内容表现出前沿性、先进性的特点；师资队伍表现出高度的专业水准；企业参与实践教学。

（5）可持续发展的理念。“以人为本，全面、协调、可持续的科学发展观”是具有深远战略意义的发展观。按照科学发展观的标准，高职院校的成功不在于规模，而在于质量和特色。高职院校要实现科学发展，就必须明确指导思想的特色，加快发展速度，确保重点项目投入与日常教学投入相协调。同时，还要把规模发展与体制机制创新结合起来，致力于建设资源节约型、和谐校园环境。我们的目标是服务区域经济社会发展，在专业对接、产业对接的基础上，拓展校企合作的深度和广度。确保每一项建设都达到高标准，不断提高高职院校的可持续发展能力。

2. 突出以教学工作为中心的特色

教学活动既是学校的核心工作，也是学校最基本、最经常的事务。把教学放在核心位置，就是把办学质量和办学特色放在核心位置。能否像重视基建投资那样重视师资队伍建设和实训基地建设，能否像重视招生那样重视学生就业情况，是决定高职院校能否提高教学质量的关键因素。我们必须清醒地认识到，在我国高等职业教育快速发展的背景下，要解决的主要问题将主要取决于教育内涵的提升或软环境的营造。软环境的建设质量直接影响硬件功能的发挥，进而决定整体教学质量。高职院校应视教学质量为生命之源，办学特色为立校之本。没有高质量的教学，就失去了学校的独特性和品牌价值。因此，必须始终以教学改革为中心任务，以转变教育观念和思维方式为导向，以提高教育教学质量为最终目标，以培养高素质技术技能人才为终极目标，不断提高教学质量，从专业配置、课程设计、教学组织、实习实训管理、师资队伍建设等方面加强过程管理。逐步构建起与产业发展需求相匹配、具有独特风格的职业教育平台，确保高职院校的教学不仅体现出显著的技能特色，更体现出独特的工学结合。

（1）高职教育教学改革与建设的核心是以就业为导向，加强专业建设。专业建设既是高等职业教育与社会需求的交汇点，也是提高人才培养质量的核心环节，更是保证可持续发展的动力。产业的不断发展和经济结构的调整，导致了高职院校人才需求与专业建设不匹配、不同步的问题。在高职院校专业建设过程中，有三大转型方向需要努力实现：从以知识为中心向以能力为中心转变，从以专业学科为中心向以职业岗位技能为中心转变，从以招生为中心向以就业为中心转变。在专业建设与发展中，必须坚持理论与实践相结合的原则，形成与区域经济社会进步相适应、专业特色鲜明的专业人才培养体系。

（2）高等职业教育面临的核心问题是人才培养质量与市场实际需求不匹配。在课程设计中，学校要紧紧围绕产业结构调整需要，结合专业和课程建设，编写融合新技术、新工艺、新规范、新要求的教材。此类教材应具有时代特征，新型活页教材和作业本教材是教材建设的核心内容。高职院校应主动采用现代教育技术理念，充分利用各种先进的教育手段，推进线上线下混合式教学改革，不断创新教学手段和方法。

（3）以技能训练为核心，加强实训基地建设是由高职教育人才培养目标的特殊性决定的。高职院校采用工学结合的方式，将行业优势转化为实习实训优势。通过自主建设、合作建设、整合建设、委托合作等多种方式，将校园实训基地建设与企业实训基地建设紧密结合起来。目标是把课堂教学转移到企业环境中，把实训活动放在车间里，在浓厚的职业文化氛围中提高学生的职业素养，在真实的职业训练环境中掌握必备的职业技能。

（4）着力加强双师型教师队伍建设，目标是形成一支既有专业操作能力，又有基础理论知识的双师型教师队伍。为加强重点专业和实训基地建设，可以引进一批大学毕业的技术技能型人才，选拔一批骨干教师到合作企业进修实践，从企业聘请一批高技能兼职教师充实教学内容，并通过多种途径分批对教师进行专业培训，提高双师素质。培养一支在专业技能、实践操作、岗位经验、专业知识等方面都过硬的双师型教师队伍。

3. 营造和谐的校园文化环境

高职院校的校园管理不能仅仅依靠制度，更要依靠其教育思想和文化熏陶。高职院校要重视职业文化、管理文化、道德文化和人文文化的培育，确保校园文化建设与教育教学紧密结合，与高素质技术技能人才培养紧密结合，努力在教学、管理、基础设施建设和后勤服务等方面彰显职业教育特色。在校园文化建设中，融入以就业为核心的职业教育理念，吸收企业文化建设的宝贵经验，营造以职业文化传播为核心的和谐校园氛围。学校应致力于将“一切为了学生发展，一切为了社会需要”的核心理念深深植入每一位教职员工的心中；将每一项管理活动都视为为学生成长成才服务；将每一项服务都塑造成“高品质”的管理理念。通过教职工的自觉参与，努力打造独具高职教育特色的文化品牌。

（二）高职院校实践教育管理创新

实践教育管理创新对高职院校实现人才培养目标至关重要，是实现实践教学计划目标、提高实践教学质量的重要保证。

1. 产学研一体化教学模式迫切需要实践教育管理创新

产学研合作教学模式是高职教育的特色，已被社会、院校及广大教职员工和学生所认同，如何将其完善并对与其相结合的各环节加强管理，已成为高职院校提高教学质量、办出特色的重要课题。

2. 校内实践教育管理创新

一是实践教学的队伍管理创新。实习实训场地设施的管理一般都直接或间接地涉及对人的管理，从根本上说人是管理的核心，具体内容包括定岗定编选用人员、推荐培训、考核评价等。在这些工作的实施上，应该遵循三个原则：能位原则（人尽其才、量才任用、责权相应）；效能原则（用能人、争创效益）；激励原则（奖勤、罚懒、除庸）。

二是实习实训教育管理创新。高职院校实习实训主要包括：课程实训、整周实训、认识实习、跟岗实习、毕业综合实践、顶岗实习等。

三是实践计划管理创新。为避免工作中的混乱和随意，切实达到工作目标，制定相应的计划是必要的。计划管理应该遵循统一性、先进性、科学性、协调性、经济有效性、动态反馈性的原则，可分为长期计划、中期计划、短期计划和日常工作计划。

四是工作评估创新。为不断提高实践教学的质量，使实践教学工作的开展不流于形式，更好地调动实践教学指导教师的积极性并及时发现存在的问题，调整政策，制定一个合理的评估制度是必要的。工作评估一般应遵循主体性、可比性、可操作性、可度量性的原则，按类别可分为条件评估、过程评估和结果评估。

3. 校外实践基地管理创新

高职院校校外实践基地的管理创新应采取以下三项措施。

一是学校主动出击，争取所在地政府的支持。政府可根据高职院校实习实训的实际需要，出台政策，把高职院校实习实训工作纳入管理高职教育的范围，从实习实训地点的选择、政策的优惠直至考核，都做出明确规定，以使高职院校的实习实训工作更具权威和法律效力。

二是坚持“有为才有位”的工作思路，在加强校内实验实训的基础上，发挥学生的创造精神，做到顶岗、挂职有作为，以吸引和开拓更多的长期较稳定的实习实训基地，争取社会、企业上门找学生进企业、进入社会进行实习实训。

三是高职院校要切实改革对学生的实习实训管理，重点是建立和完善组织保证措施，如建立上下协调的实践教学组织系统，通过岗位责任制度明确各级组织的相互关系、各自承担的任务和所负的责任，在决策层、管理层、执行层均有明确的分工和责任；实施实习实训信息化管理，开发实习管理网络平台。

（三）高职院校教学质量管理创新

1. 树立“市场适应度”质量观

所谓市场适应度质量观，就是要把高职院校毕业生就业率高低作为衡量教学质量高低的主要标志。经济和社会在不断发展，产业、行业千差万别，在千变万化的就业大市场中，若高职毕业生就业率高，则说明“产品”质量好，特色鲜明；反之，若高职毕业生得不到社会的认可，难以就业，则说明“产品”质量差。树立高职教育教学新的质量观，将推动和促进高职院校办学风格的创新，从而提高“产品”质量。

2. 明确教学质量管理目标

一是建立科学合理的教学整改体系，促进教育管理的规范化、科学化，形成分析、评价、反馈、改进制度，营造良好的教学环境，从而达到最佳教学效果，全面提高教学质量，保障学校人才培养目标的实现。

二是建立教学质量检查考核制度，制定科学的、可操作的教师教学质量考评指标体系，建立日常的教学检查和阶段性教学质量检查制度，加强对教师教学质量考评。

三是强化教学全过程的管理，包括专业设置、招生、人才培养方案制定与实施、教学常规运行、考试考核、实习实训、毕业生质量跟踪调查服务等。

四是加强教学工作督导制，积极开展经常性的教学工作督导，及时提供质量信息。

五是有效开展教学整改工作，与日常教育管理与建设相结合，以教师教学和学生为重点，建立起科学的整改指标体系。

六是建立教学状态数据信息的采集和统计制度，对新生入学基本情况、学生学习和考试情况、毕业生质量及就业情况等主要教学信息进行定期采集和统计分析，不断改进学校的教学工作方式。

3. 高职院校教育管理的质量标准

高职院校教育管理的质量标准主要包括以下八个方面。

（1）组织体系质量标准，如组织机构、管理制度、计划管理、教学档案与教学资料等方面的质量标准。

（2）专业建设质量标准，如专业设置与开发、人才培养方案、重点专业建设等方面的质量标准。

（3）课程管理质量标准，如课程标准、课程开发及教材使用、校本教材、资源开发与利用、选修课程等方面的质量标准。

（4）师资队伍建设质量标准，如师资队伍建设规划、师资结构、师资培训、教师考核等方面的质量标准。

（5）设备设施管理质量标准，如管理制度制定与执行、使用与维护等方面的质量标准。

（6）教学过程管理质量标准，如教学常规、实践教学、现场实习、毕业设计（论文）等方面的质量标准。

（7）教学质量监控质量标准，如监控体系、考核与评价等方面的质量标准。

（8）教研与教改工作质量标准，如人才培养模式、教学模式、方式和手段、教科研工作等方面的质量标准。

总之，实践是创新的基础，高职教育管理改革与创新的目的是培养学生实践能力和创新精神。只要高职院校大胆探索并敢于实践，就一定能培养出一批又一批适应社会主义现代化建设事业发展需要的高素质技术技能型人才。

第三章　高职院校学生教育管理

第一节　高职院校的属性与学生特点

一、高等职业院校的基本属性

教育部明确规定：高等职业教育具有高等教育和职业教育的双重性。学校以服务为宗旨，以就业为导向，实行产学研相结合的办学方针。教学中强化实训实践环节，着力培养学生的职业道德、职业技能和就业创新能力，使学生成为高素质高技能人才。

（一）高职院校的高等教育属性

高职教育是高等教育发展到一定阶段的分支，它属于高等教育的范畴，具有高等教育的根本属性。

1. 体现于高等教育对提高公民素质所起的作用

高等职业教育是高中阶段后的高层次教育，普及高等职业教育可以大大提高全民文化素质和从业能力。高职院校设置的专业几乎覆盖了地方上的各个社会领域和经济领域，是地方实现“高等教育大众化”的主要力量。“职业教育不只是获取生存技能的途径，而且还应成为提升人的境界、丰富人的精神世界的一种方式，受教育者不只是被开发的对象和增加财富的资源，而且要成为发展的中心目标和终极目标”这一高等教育促进人发展的基本功能，对于提高公民素质起到重要的作用。

2. 体现于高等教育共同的基本人才质量观

科学的人才观认为，具有一定的知识和技能，能够进行创造性劳动，对物质文明和精神文明有积极贡献的人，就是人才。高等教育大众化已是趋势，高等教育已经从社会的边缘走向社会的中心，成为社会发展的轴心机构，人才质量不再是一种标准，而变成了一个相对的概念。高职院校的人才质量观从“知识本位—能力本位—素质本位”，发展到当代高职院校“知识、能力、素质相融合”的人才质量标准，是 21 世纪信息社会经济、科技对高素质人才的客观需要，这也成了中国和世界各类型高职院校的普遍追求和共同特征。衡量高等学校人才培养质量的问题，主要是评价毕业生群体能否很好地适应现实发展的需求，能否很好地为政治、经济、文化发展服务。

3. 体现于高等教育的专门化、多样化和终身化

现代经济、社会对于人才专业化和多样性的要求，决定了高中后教育的专门化、多样化和终身化。高等教育结构多样化、办学体制多样化、质量标准多样化，高等教育不再单纯是以学历教育为主的教育系统，它同时包括以职业资格教育为主的行业教育系统和以文化生活教育为主的社会教育系统等。职业教育包括职业价值观教育、职业道德教育、通用的职业能力教育和专门的职业能力教育。职业人需要有伴随职业生涯始终的教育，这就决定了专门教育必须终身化。

（二）高职院校的职业教育属性

高职院校最重要的基本特征是学校类型的独特风格，这是高职院校不同于普通高等院校或中等职业学校的特征，它体现了高职院校在高等教育系统中的独特位置，是高等教育多样性的体现，也是高职教育核心竞争力之所在。

1. 依据经济社会的职业岗位和技术领域需要设置专业

针对区域经济发展的要求，灵活调整和设置专业，是高等职业教育的一个重要特色。教育部要求：各级教育行政部门要及时发布各专业人才培养规模变化、就业状况和供求情况，调控与优化专业结构布局。高

等职业院校要及时跟踪市场需求的变化，主动适应区域、行业经济和社会发展的需要，根据学校的办学条件，有针对性地调整和设置专业。高职院校专业设置大多以社会职业分类为基础，根据社会经济发展的职业岗位和技术领域的需要而设置。同时，专业的设置也因市场经济结构变化的影响而进行调整，高职院校基本上每年都要分析人才市场的需求和职业岗位的发展动态，适时开发新专业、改造老专业、淘汰过时专业。

2. 依据培养要求制定教学计划、设置课程

作为以就业为导向的职业教育，教学环节及课程的设置必须针对一定的职业岗位；作为以素质为中心的高等教育，必须考虑培养学生的发展性和推行可持续学习的课程。教育部要求：高等职业院校要积极与行业企业合作开发课程，根据技术领域和职业岗位（群）的任职要求，参照相关的职业资格标准，改革课程体系和教学内容。高职院校的课程设置，是以适应性和针对性的辩证统一为原则，并根据职业岗位的变动及其内涵的不断丰富将呈现愈加明显的趋势，注重培养学生的可持续学习能力。

3. 教学过程突出实践性

教育部规定：高职院校教学注重应用理论和实践相结合，强化技能训练，突出应用能力的培养。高职院校培养的是高素质技能型人才，在教学过程中注重学生实践能力的培养，广泛采用案例教学、项目教学、工学结合等方式方法，培养应用型人才。高职院校对高技能人才的培养应面向社会、面向每个人，培养与培训应突出针对性、职业性、灵活性和开放性，将学校的教学过程和企业的生产过程紧密结合，通过订单培养、工学交替、顶岗实习等方式，提升学生的生产实习和社会实践工作能力，校企共同完成教学和人才培养任务。

二、高职学生的基本特点

（一）自我意识日趋强烈

自我意识是人的认识过程中一种特殊的表现形式，是个体对自我及

周围人的关系的认识，它包括自我观察、自我评价、自我体验、自我监督、自我控制、自我教育等形式。自我意识发展程度不同，对同样的环境影响往往会产生不同的反应。高职学生自我意识的增强是其个性趋于成熟的标志，但由于尚处于心理“断乳期”，自我意识的发展还不够稳定，高职学生对自我的评价还不够准确。

（二）思维素质日趋完善

高职学生的神经系统特别是大脑的机能已发育成熟，经过教育训练和专业学习，大脑接受信息、传递信息、综合信息的能力也大大提高，这一切为高职学生思维素质的完善奠定了生理基础。首先，高职学生思维的抽象性明显增强。随着知识量的急剧增加，特别是专业训练难度的不断加大，高职学生的抽象思维在整个思维中已占据主导地位。他们通过学习，掌握了较系统的抽象概念、原理、法则，因而在思考问题或争论问题时，不再满足于现象的罗列和既定的结论，而是试图进一步揭示事物的本质和规律，开始自觉培养自己观察问题和分析问题的能力，力求正确地认识自己周围的各种事物，通过思考和探讨，找出其内在的、本质的、必然的联系，在此基础上，把握其发展的基本趋势。其次，高职学生思维的独立性明显增强。在抽象思维不断发展的同时，高职学生的独立思考能力也得到了提高。他们大都喜欢争论，敢于发表自己的见解，当经过独立思考提出的观点在得到他人赞同或被实践证明时，他们会更加相信自己的判断，从而更加重视独立思考能力的培养。最后，高职学生的思维已具有一定的创造性。高职学生的智力水平已发展到不再是简单地掌握信息，而是通过自己的思维去分析、综合、加工各种信息，创造出新的知识的程度。系统的思维训练，丰富的知识信息，使一部分高职学生，特别是那些才思敏捷的高职学生能够比较灵活地运用各种思维方法，对所遇问题提出大胆的设想和独到的见解。高职学生的思维能力虽然在高等教育阶段得到了较快发展并日渐成熟，但是大部分同学辩证思维的基础还不牢固，思考方式还带有片面的横向比较、微观体验、局部判断的特点，其思维训练和经验积累还有待于不断加强和完善。

（三）个性特征明显增强

高职学生的个性心理特征主要表现在其兴趣、性格和能力上。高职学生的兴趣具有广泛性和选择性的特征。高职学生的性格特征一般表现为：在情绪特征方面，大部分同学都表现为欢快、乐观；在理智特征方面，大部分同学都乐于观察、喜欢思考；在意志特征方面，大部分同学的行为都具有较强的目的性，但也有少数同学因缺乏锻炼，意志品质显得脆弱。高职学生的能力包括注意力、观察力、想象力、思维力、记忆力等方面，这些能力随其生理心理发育的日渐成熟和社会化程度的不断提高而得到明显增强。高职学生观察问题更具计划性和自觉性，能够主动地选择自然和社会生活中有价值的课题进行观察；教学科研的严格要求与各种考试的不断强化，使高职学生记忆的准确性和系统性迅速提高，记忆力已进入全盛时期，记忆的方式表现为逻辑记忆和意义记忆逐步取代机械记忆。

（四）认同自我、思想解放，追求内在精神的完善

教育是培养学生知、情、意、行、信等诸品质形成和发展的过程。当前高职学生思想的一个突出特点是，在认知、情感上具有与社会主义现代化建设相适应的政治、经济、文化、道德和科教等方面的认同感。在人生观方面，当代高职学生注重人生价值的实现，认同开拓进取、成就学业、造福人类等积极的人生价值观。在肯定集体价值的同时，也推崇合理的个人价值。在物质化、现实化的潮流中强调人性的解放，追求“精神”的自我完善，追求个人的发展性、独特性，认同现代意义上的“自我”。因而，青年学生更趋向于追求价值理性，重视理解生命的意义和价值，向上进取，不盲从，渴求新知，执着创新，具有价值理想与人文精神，懂得去关注和塑造自己，形成关爱的情怀，从而逐渐养成对终极信仰的追求。在道德修养方面，绝大多数学生认同“德为万事先”，德性是安身立命之本，应该修身养性，完善人格，认可社会公德在社会生活中的重要作用，认同并遵守社会生活中基本的道德规范，接纳和推

崇权利义务、契约、竞争、自然保护、效率、法律等现代社会观念。在人际交往方面，大多数学生认为应该讲信修睦，谦虚礼让，向往和谐的人际关系。

（五）崇尚理想人格，注重道德修养

高职学生经过长期的培养教育，早在入学前就已经形成了一定的思想道德基础。步入大学后，又系统地接受了思想品德教育，在道德认识、道德情感、道德意志和道德行为方面日趋成熟。通过教育引导，大多数同学能够把政治理论学习与思想道德修养结合起来，在实践中不断锤炼道德意志，自觉养成道德习惯。不少高职学生都有自己所崇尚的理想人格，这种人格激励他们加强道德修养，力求做一个品格高尚的人。而人格的完善反过来又变成强大的精神动力，推动他们勤奋学习，勇于探索。

第二节　高职院校学生教育管理工作思路与对策

一、构建"三全"服务系统

"三全"服务，即全员服务、全过程服务和全方位服务，分别从人员结构上、时间和环节上、内容和方法上为高职学生工作管理提供有力支撑。构建"三全"服务系统，是基于服务理念的高职学生工作管理的有力保障。

（一）强化教职工服务学生职责，实现全员服务

所谓"全员"主要包括学生工作管理系统的人员、与学生事务相关部门的工作人员及学生本人。全员服务是指调动一切可以调动的力量，形成全员参与、分工协作、责任清晰的服务群体，形成目标一致、要求一致、管理严密的育人工作管理体制。就人员结构而言，传统观念往往视学生工作管理系统的人员为学生工作管理者。但是，学生工作管理不是一种单一的工作，学生的成长也不可能靠某个机构及特定的人员就能

完成。随着学生工作管理范围的日益扩大，学生工作管理的难度也在不断增加，这客观上要求学生工作管理必须具有全员性。只有把学生工作管理系统的人员、与学生事务相关部门的工作人员及学生本人组织起来，形成整体的服务阵容，才能形成合力，推动学生成长成才。当务之急，高职学生工作管理要将分散的工作职能凝聚起来，将分散在不同部门、与学生工作管理密切相关的事务重新进行整合。此外，整合校内外资源，重视利用和发挥校内外的专家、学者和校友的作用，为学生提供更加专业的指导和服务也非常重要。

（二）制定服务学生的整体方案，实现全过程服务

如果说全员服务是从人员结构上对学生工作管理的服务体系进行阐述，那么全过程服务则体现在时间和环节上。全过程服务，指学生工作管理者根据社会对大学生的素质要求和学生自身成长发展规律，分阶段、分层次、循序渐进地对学生进行教育、管理和服务。这就要求高职院校要制定服务学生的整体方案，根据不同年级、不同专业以及不同性别学生的特点，由低到高，由浅入深，循序渐进地分类指导。要将学生工作管理当作不断发展的过程，动态地对待学生的成长与发展。一是要按照不同年级制定整体方案。对大学一年级新生的工作重点是引导学生适应大学生活、做好学习规划、学习如何与人交往及文明行为习惯的养成等；对大学二年级的学生，工作重点在培养学生自我管理的能力，引导学生合理安排时间、做好职业规划等；对毕业班的学生则应该把重点放在职业咨询、就业指导和社会适应能力的培养方面。二是要在整体方案中突出特色和个性。服务学生的方案不是一成不变的，要根据不同专业、不同性别学生的特点，有针对性地开展服务。

（三）构建蛛网式服务系统，实现全方位服务

全方位服务，是将服务理念渗透到学生工作管理的方方面面，运用于教育、管理、科研及党团建设等各个环节，形成全方位、多角度和多层次的蛛网式服务格局。一是要坚持学生工作管理内容的全面性。深入学生日常学习和生活的各个方面，从学生入校前后的招生咨询服务和入

学指导服务，到日常生活、思想引导、学习辅导、经济资助、身心发展服务，直到毕业前后的就业指导、后续发展等服务。二是要坚持学生工作管理方法的全面性。要结合校园网络、校报、广播等媒体的宣传和支持，引导、帮助学生解决问题。此外，整合学校、家庭、社会等多种教育、管理和服务资源，调动一切可以调动的力量，服务学生的成长成才。三是要根据不同学生的个性特点开展个性化服务。由于生活经历、性格爱好等方面的差异，不同学生呈现出明显的个性化需求，在开展学生服务工作时，就必须从学生个体的特殊性和差异性出发，既要实行全面性服务，又要重视个性化服务。

二、打造高效便捷的服务平台

在学生工作管理中，能否满足学生的需求，是考验一个平台是否适应学生工作管理发展的重要指标。学生最需要的是学业指导、心理咨询、就业创业指导、困难帮扶和法律咨询等几个方面的服务。所以，搭建大学生日常学习指导交流中心、心理健康教育与咨询中心、就业创业指导服务中心、困难帮扶中心、法律援助中心等平台，是高职学生工作管理的重要渠道，势在必行。

（一）创建大学生日常学习指导交流中心

学生到学校是来学习的，我们不仅要让学生成长成才、受到良好的教育，而且还要为他们提供优良的服务。为此，建立大学生日常学习指导交流中心，为学生提供学业指导服务是十分必要且非常迫切的。第一，要选拔和调动一切专业技能强、业务水平高的教师或辅导员到该中心轮班和定期或不定期走访，为学生答疑解惑。特别是要帮助学生解决好“为何学习”“如何学习”等问题，搭建起师生间真诚沟通的桥梁，以人性化的教育方式引导帮助学生树立明确的人生目标，克服学习生活中的困难，促进学生身心全面健康发展。第二，传统教育与现代手段相结合，激发学生学习兴趣。借助学习指导交流中心，总结并普及规律性的学习方法，引导学生充分利用现有的教学设施和资源，充分利用好图书馆，通过网络、电视、新闻和广播等多种途径获取知识，不断激发学生学习的主动性和积极性。第三，定期组织学习交流会和学术研讨会。邀请院系成绩优秀、表现优异的同学到中心参与互动，分享自己的学习方法和心得。定期举办学术研讨会，培养学生的创新意识和创新能力，提高他们的学习兴趣和科学研究能力。

（二）完善大学生心理健康教育与咨询中心

随着我国政治、经济和文化的不断发展，社会的巨大变迁给学生心理造成较大冲击，学生学习、就业压力也不断增加，大学生的心理健康问题已然成为新时代高职学生工作管理的热点和难点。建立健全大学生心理健康教育与咨询中心，配置专业人员，组织开展心理健康教育，提高学生心理素质，显得尤为重要和紧迫。

1. 要全面了解学生心理特点，有针对性地提供服务

根据学生在不同学习阶段和年级的心理需求以及存在的主要问题，有的放矢地开展心理健康教育工作。一是对新生发放新生入学手册，该手册应包括新生入学心理调适的方法等内容，有助于新生较快地适应新的环境。二是在新生中开展心理健康普查，并积极开展朋辈心理辅导。为了预防和避免个体心理突发事件，心理中心应收集需要特别关注的学生动态，建立相关的信息档案库，结合学生的心理特点，研究制定针对性强的帮助方案，确保每一位学生都得到及时有效的心理援助和咨询服务。

2. 要以多样化的特色活动为契机，传播心理健康教育知识

通过举办特色心理健康教育活动，不断提高大学生的心理素质，强化广大师生关注心理健康的意识，营造互助关爱的和谐校园氛围。如，定期举办专家心理讲座、知识板报展览、新生格言竞赛、心理影片展播，开展各种形式的心理教育、团体心理训练、咨询服务、心理治疗等，强化师生心理健康意识，营造互助关爱的校园环境。尤其要帮助有关学生树立积极的心态、解除心理困惑和压力、积极接受或主动自我调适、增强情感适应、树立交往和竞争的自信心等，从而以完善的人格、

健康的心态走向社会。

3. 要加强心理健康教育队伍的建设

确保学生心理健康，是一个具有挑战性的工作。学校心理健康教育队伍是一支不容忽视的力量，要努力在生活、学习、职称、待遇等方面为有关工作者创造条件，帮助他们不断提高心理辅导技能，让他们积极主动、心情舒畅地投入工作。加强心理健康教育队伍建设，是不断提高学生心理健康水平的前提条件。不断加大对有关工作者心理学知识和心理辅导技能的培训力度，引导越来越多的学生工作管理人员主动学习心理学知识和技能，主动参加心理咨询师资格认证考试，为心理健康教育与辅导工作的开展提供有利条件，让他们在普及宣传心理知识、预防心理疾病、协助做好心理异常学生的治疗等方面发挥作用。

(三) 升级大学生就业创业指导服务中心

随着高等教育大众化进程的加快，大学生就业难的问题日渐突出，现已引起社会各界的广泛关注，并成为制约高等教育事业发展和影响社会稳定的一大因素。因此，如何完善毕业生就业服务体系，怎样充分发挥大学生就业创业指导中心的作用，在当下显得十分重要和紧迫。解决大学生就业难的问题，当务之急是完善学校就业创业指导中心的服务功能，有关人员要采用“走出去、请进来”的方式，给予学生更多、更实、更好的指导与帮助，多做实事，少说空话。

1. 要根据不同年级选取不同内容

根据不同年级学生的具体情况，应将职业与就业辅导内容进行合理的划分：大学一年级学生结合新生入学教育，主要由各院进行相应的专业介绍，帮助学生了解本专业方向、今后可能的职业方向和相关职业必备的职业素质；大学二年级学生的辅导内容应侧重于对自身、职业、职业生涯和社会环境、职业环境的认识，帮助他们客观地认识自己、了解社会；大学三年级毕业生主要对他们进行决策技巧和就业技巧的指导，例如，如何准备个人简历、应聘面试技巧、如何维护自身的合法权益、如何做出科学的选择等，帮助他们提高求职能力、适应能力，能够更快地寻找并选择适合自己的职业。

2. 要根据不同年级选取不同方法

对大学一年级新生要把入学教育和专业教育结合起来；对大学二年级学生应以校级任选课程为主渠道，结合就业形势系列讲座和个别就业咨询服务，拓宽他们接受职业与就业辅导的途径，充分调动学生主动接受就业指导的积极性；对大学三年级学生应主要安排模拟招聘、当年就业态势讲座和个体就业咨询，从大规模的集体就业辅导到个体单独的就业咨询，以有效地帮助他们了解最新的就业信息、掌握实际的求职技巧，并且在遇到困难时可以获得教师科学的帮助。

(四) 健全大学生困难帮扶中心

随着办学体制多元化和收费制度的改革，困难生的帮扶工作已经成为学生工作管理的重要内容。

1. 要以物质资助和精神激励为主线，促进学生全面成长成才

“扶贫先扶志”，在学习用品、生活质量等方面，家庭困难学生处于弱势地位，心态容易出问题，需要学生工作管理者多关心、多了解，及时帮助他们解除困惑，引导他们克服自卑心理，树立正确的世界观、人生观和价值观，鼓励他们以自己的力量积极主动地战胜困难。

2. 要建立健全困难生认定机制，实现静态与动态管理

学校根据教育部、财政部以及省教育厅下发的指导意见，确定家庭经济困难学生认定工作的基本原则，制定和完善符合本校实际、科学合理、严格规范的家庭经济困难学生认定办法。首先，在学校资助工作领导小组指导下，各学院、各年级、各班级也相应成立认定机构，为有组织、有计划地开展家庭经济困难学生认定工作打下了良好的基础。其次，建立家庭经济困难学生谈话制度和家庭经济困难学生信息库。辅导员通过和学生及其周围同学谈话，初步摸清学生的家庭经济状况，并建立家庭经济困难学生数据库。随后实行电话调查为主和实地走访调查为辅的方式，定期了解学生的家庭经济变化情况，及时做出变更。通过静

态与动态管理相结合，确保家庭经济困难学生的信息准确健全、及时更新，为后续资助工作的开展奠定良好的基础。

（五）建立健全大学生法律援助中心

随着社会法治的不断进步和学生维权意识的不断增强，如何为学生提供权益维护服务，成为现时高职学生服务工作的新议题。建立健全大学生法律援助中心，以专业法律人士为骨干，以法律专业学生为基础，以法律协会为依托，积极为学生提供法律咨询和援助，帮助学生解决法律问题、调解法律纠纷，保障和维护学生的正当权益。中心可设置法律咨询热线及信箱，收集同学们身边的法律问题，然后将各种问题分类处理，请教专家或律师答疑，并做好与学生的互动交流。

三、完善服务学生工作管理保障机制

完善服务学生工作管理保障机制是保证学生工作管理得以正常、有序进行的必要条件。其要素主要包括制度保障、物质保障、环境保障等，各要素之间相互影响、相互补充和相互促进，虽然各自功能和作用不尽相同，但目标却殊途同归，都是为服务学生工作管理提供保障的。

（一）制度保障

建立健全服务学生工作管理制度，旨在实现服务学生工作管理常态化和长期性，对于构建基于服务理念的高职学生工作管理保障系统有着举足轻重的作用，是规范和落实学生各项权利、义务和责任的重要条件。古人云："凡事预则立，不预则废。"科学的服务学生工作管理制度，是维护学生合法权益的前提条件。如果无章可循，服务学生便是一句空话，教育学生履行义务，就是无稽之谈。因此，建立健全科学的服务学生工作管理制度绝不是一件可有可无的事情，必须在思想上高度重视，在工作上不断加强、完善和狠抓落实。这样，才能使服务学生工作的理念深入人心，落到实处，从而形成充满活力的学生工作管理充满活力的局面以及有序、和谐和稳定的学生工作管理氛围。一般来说，基于服务理念的高职学生工作管理制度的建设，可以分为宏观和微观两个方面。

1. 宏观制度

宏观制度，是指党中央和国务院颁发的有关高职学生工作管理的纲领性文件以及教育主管部门制定和颁布的有关学生工作管理的行政规章、制度、条例等。党和政府及其部门制定的制度，在维护学校正常的教学秩序、生活秩序和为学生事务管理提供有力保障等方面，都有着非常重要的作用。通过约束和修正学生的行为，建设学生活动场所，如组织活动、提供学术和非学术性咨询服务等，教导学生主动担当责任，自觉履行义务，养成健康向上的生活方式。

2. 微观制度

所谓微观制度，是指在我国现行教育体制和环境条件的制约下，学校和院（系）或班级为实现某种目标或解决某项问题，有针对性地编制的规章制度。微观环境的制度建设有利于推动校风、院（系）风、学风和班风建设，是高职院校宏观制度的细化与补充。一般而言，微观的学生工作管理制度系统，应联系招生就业、学生日常思想政治教育、学生行为管理和学生服务等方面的实际，建立健全校级学生工作管理制度、院（系）的学生工作管理制度、班级管理制度、辅导员管理制度和班主任管理制度等，为整个学生工作管理的系统运行提供条件和保障。

（二）物质保障

高职学生工作管理是一个复杂的系统，各个环节都需要一定的物质支撑。学生工作管理的物质保障至少包括两个方面，即经费保障、软硬件设施保障。如果把学生工作当成一台机器，那么学生工作经费则是燃料，是保证学生工作良好运转的基础。

1. 经费保障

高职院校存在“重科研教学，轻学生工作”的现象。用于学生服务方面的经费是不足的，这与高职学生工作管理的地位、作用很不相称，不仅妨碍了高职学生工作管理服务体系的建设，还制约了服务质量和服务效率的提高。按照加强服务、转变职能的要求，高职院校应加大费用投入力度，并在年度预算中划拨整个学生工作管理服务体系运作所必需的经费，用于学生工作管理部门开展日常思想政治教育、学生管理、学生服务的自身建设，思想政治教育工作专项课题研究，思想政治理论精品课程的建设，大学生素质教育基地建设，学生工作队伍的建设以及全员育人的评选和表彰等事务。学校应当多渠道筹措资金，例如，积极争取专项经费和地方财政拨款，同时整合社会资源，争取更多的社会捐赠，如校友、企业和社会名流等在学校设立助学金、奖学金和科研基金。高职院校建立专门的筹资机构，利用社会资源在法律允许的范围内积极进行市场运作，寻求社会各界的财力支持，为高职学生的科研、奖贷困补等工作提供充实的资金保障。同时，要加强经费管理和监督，做到科学划拨，合理开支，严防浪费。具体来说，应遵循以下原则。

第一，专款专用。学生工作管理经费主要用于奖励优秀学生和资助困难学生，是按学生总人数的一定比例提取的，必须专款专用，不得巧立名目，挪为他用。

第二，合理立项。学生工作管理经费主要包括助学金、勤工助学金、特殊困难补助、学费减免等；学生奖励项目主要有学校奖学金、单项奖学金等；其他学生经费项目还有少数民族补助、学生活动经费、班主任补贴等。要本着科学合理的原则，依据上级有关规定，结合本校的实际需求，有项则立，无项则免。

第三，民主公开。民主公正、公开透明，接受学生监督，是管好、用好学生经费的重要措施。所有经费如何立项，怎样开支和履行手续等，都必须深入调查研究，充分听取意见，然后由有关部门提出预算计划方案，再由学校集体讨论决定。

第四，加强监管。管理学生工作经费，应本着“分级管理、相互监督”的原则，做到科学管理，合理开支。无论是学校财务处等职能部门，还是学生工作部（处）、团委和各学院（系）等执行单位，都必须“守土有责”，廉洁奉公，自觉遵守财务纪律，不得滥用职权，随意开支。对违反财务规定的行为，都必须坚决抵制。该花的钱，一分不能少；不该花的钱，一分也不能用。只有这样，才能取信于学生，学校才能在公众中树立起良好的形象。

2．软硬件设施保障

高职院校应高度重视学生工作辅助设备和硬件设施的建设，应将学生活动场所和学生工作场所的基本设施建设列入学校建设总体规划，改善校园生活环境，实施校园绿化、美化、亮化工程。同时，还要增加学生工作管理设备、设施的投资力度，改善服务环境，建造设施完备的学生事务服务中心，配置快捷校园网络平台，为学生提供精细化、速度化服务。

（三）环境保障

充分发挥社会环境、家庭环境的辅助作用，构建家庭、社会、学校三位一体的高职学生工作管理立体育人的环境。为此，应加强以下三个方面的工作。

1．充分开发校友资源

校友资源是人、财、物相结合的综合性资源，既可为高职学生工作管理提供人才资源和智力支持，又可带来财力、物力的保障。校友是高职院校服务型学生工作管理的重要支持力量。要注重校友资源的开发，要加强与校友的信息沟通，在学生在校期间，就要加强与学生的感情维系，同时，要加强在校生与校友的互动，使校友与在校学生共同探讨校园精神文化的传承和延续。

2．充分利用家庭教育的辅助作用

加强建立高职院校和学生家庭联系的工作机制，通过成立家长委员会，就学生成长成才过程中出现的问题开展共同探讨，提出加强和改进学生工作管理的意见和建议。同时，加强与学生家长的沟通、协调工作，与学校教育引导形成合力。

3．社会专业人士的支持

要结合专业、学科特色，积极争取社会专业人士参与到学校的教学及对学生的指导中，使学校的专业教育、素质教育与社会教育有机结合，为学生工作管理运行提供有效的社会环境支撑。

四、创建专业服务队伍

走专业化、职业化、优质化道路，既是培养社会主义现代化建设合格人才的必然要求，也是加强和改进高职学生工作管理队伍建设的必然趋势和根本保证，是由新时代高职学生工作管理的新问题、新矛盾和新情况所决定的。没有一支过硬的队伍，学生工作管理就难以适应新形势、新任务和新需求。目前，以下几个方面尤其值得有关方面重视。

（一）坚持高标准选人原则，严把学生工作管理者入口关

一名合格的学生工作管理者既要具有专业知识，又必须有扎实的理论功底、能够掌握心理危机干预技巧、职业测评技术等相关知识和技能。同时，高职学生工作管理队伍也是高职院校培养的具有一定管理能力、富有团队合作精神的高素质业务骨干和党政管理干部的后备力量。所以，必须严格按照政治强、业务精、纪律严、作风正的要求，慎重选聘学生工作管理者。

1. 做好学生工作管理者的选拔任用工作

申请从事学生工作管理的人员应具备的素质包括：有一定的政治理论素养，作风过硬，热爱学生工作，文字和语言表达能力强，有一定的组织协调能力和社会活动能力，有学生工作管理的经历。

2. 重视学生工作管理者来源的广泛性

既要吸收外校优秀应届毕业生，也要注意选用本校的优秀应届毕业生，保持学生工作管理队伍的动态平衡。学生工作管理要想有活力，就需要一支朝气蓬勃的学生工作管理队伍，而学校内部和学院之间的合理流动，可以促进学生工作管理者的相互交流、学习借鉴、技能提升和良性发展。学校要根据学生工作管理发展的需要和方向，支持、鼓励和推动学生工作管理者不断学习，为打造专业性和职业化的学生工作管理队伍打下坚实基础。

3. 学生工作管理者的选拔要与专业教师引进培养相结合

这样能保证在学生工作管理队伍相对稳定的情况下学生工作管理的自身发展和正常流动，并使学生工作管理队伍不断充实新生力量。

（二）加强专业化管理，提高学生工作管理者自身素质

1. 加强职业化管理

一是树立良好的职业形象。高职学生工作管理者必须身体健康，朝气蓬勃，脚踏实地，求真务实，勇于进取。二是树立崇高的职业理想。要有“把职业当事业，把事业当生命”的志向，还要有实现从“职业者”到“专业者”过渡的胆识以及由“专业者”到“专家学者”转变的勇气。三是加速职业技能的培养。在实践中不断提高调查研究的能力、思想宣传的能力、组织协调的能力和解决问题的能力。

2. 加强专业化培训

学生工作管理目前虽然还不是一门独立的学科，但其工作对象不尽相同，工作条件千差万别，工作内容错综复杂，工作时空变幻莫测，这就决定了学生工作管理者必须是“杂家”“通才”，必须在实际工作中能够综合运用思想政治理论、管理学、教育学、心理学以及相关自然学科的知识。所以，学校应通过有效的培训，让学生工作管理者形成蛛网式知识结构，掌握现代化的工作方法和手段。

（三）整合资源，打造专业服务队伍

高职学生工作管理队伍，是高职院校培养具有一定管理能力、富有团队合作精神的高素质业务骨干和党政管理干部的后备力量。作为一名合格的学生工作管理者，既要有扎实的理论功底，又要有丰富的实践经验，能够掌握心理危机干预技巧和职业测评技能等。

1. 要建设一支专兼结合的学生工作队伍

根据学生工作管理现状，应对辅导员实行分层管理，即学生咨询服务工作者由学生工作处或团委直接管理；对负责学生党团工作、思政教育以及本系学生相关活动等工作的人员，实行双重管理，即院（系）与学工处共同管理。这样做的好处有：可以加强辅导员与学院其他教师之

间的纵向交流、横向沟通，增进相互了解，扩大相互联系，从而为辅导员有的放矢地开展学生工作奠定基础。因此，可以从行政人员、任课教师、学生中选拔一批热爱学生工作、热心、有责任心的教职工或高年级同学担任兼职辅导员或班主任，形成齐抓共管的机制。同时，要进一步加强心理健康教育与辅导中心的专职师资力量建设，配备一定数量的具有硕士以上学历的专职咨询师。此外，要不断壮大兼职心理咨询队伍的力量，鼓励辅导员向心理咨询职业化、专业化、专家化发展，为他们的成长成才创造条件。

2. 加强职业指导师资队伍建设

唯物辩证法认为，事物是发展变化的。要适应新的形势和新任务的要求，就必须在实践中加强职业指导师资队伍建设。把好职业指导师资队伍入口关，只是“万里长征的第一步”，更重要的是加大培训力度，不断提高就业指导教师的整体素养。而这是一个长期而艰巨的任务，必须在思想上高度重视，在工作上常抓不懈，在措施上有条不紊，在方法上灵活多样。举行讲座、开展讨论、参观、交流等，是许多高职院校提高就业指导教师素养行之有效的路径。

(四) 加强培训，保证服务队伍与时俱进

学生素质及其需求上的多元化，决定了学生工作管理者必须是知识上的“杂家”，工作上的“万金油”。

1. 抓好岗前学习培训

对新上岗的学生工作管理者，要加强教育学、心理学、管理学的学习，充分发挥专家、经验丰富辅导员的积极作用，为新同志配备指导教师，开展传、帮、带活动，培养年轻一代的辅导员尽快熟悉工作、进入角色。

2. 抓好在职学习培训

高职学生工作管理面临着各种新情况和新要求，要成为专业化、专家化、职业化的学生工作管理者，需要加强培训、交流。学校教育主管部门可以依托国家或地方的资源，组织境内外的考察、交流和专题培

训，也可以依托辅导员培训基地，开展学历学位培训和专业技能培训，组织研讨会、论坛、挂职锻炼等方式，加强不同高职学生工作管理者之间的交流。学校要根据岗位特点和工作需要，对在职人员分类制定培训计划，实行挂职锻炼或集中进修培训，提高学生工作管理队伍的思想政治素质和业务水平；辅导员要发扬挤和钻的精神，加强学习，搞好调查，争取科研项目，强化科研能力，这是学生工作管理队伍知识化、专家化的有效途径。

五、实现学生“三自”

大学生的自我教育、自我管理和自我服务（“三自”），主要是指大学生根据社会发展的客观要求和自身成长成才的需求，运用科学的管理方法，开展的一系列以完善自我为目的的认知和实践活动。实现学生的“三自”是学生工作管理的最高境界，是高职学生工作的教育、管理和服务的必然趋势和理想状态，也是学生工作管理不断完善、不断发展的阶段性目标。学生要实现“三自”，就应根据学校教育培养目标的要求，在教育者的指导下，运用现代科学的教育、管理、服务方法，对自己的思路和行为进行自我调节和自我控制。这既是学生自行决策、组织、实施的一种教育方式，也是学生对自己进行设计规划、管理约束、潜能开发及基本素质培育的过程。

（一）加强引导，让学生学会“自转”

从自然规律看，在太阳系中所有的行星无论距离太阳远近，都按照各自不同的轨迹，围绕太阳公转和自转。大学生的“自转”，是指学生根据国家培养、社会发展要求，自觉主动调整自己的发展方位，通过自我教育、自我管理、自我约束和自我服务，逐步实现“自转”的过程。

1. 要帮助学生掌握“自转”的方法

一是培养和增强学生的独立意识，凸显学生主体地位，调动学生“三自”的积极性和创造性。避免保姆式教育，逐步消除学生对家庭、社会和学校的依赖心理，使学生更加自尊、自信、自立和自强。二是要增强学生自省、自制和慎独的能力，营造学生为自己的行为负责的环境和氛围。通过科学的引导和严格的管理让学生真正认识到对自己负责的重要性，培养他们管理自己、管住自己和管好自己的意识和责任感。这是学生将学校、社会、家庭和个人对自身培养目标的要求和学生工作者围绕这些目标对学生实施教育、管理和服务的行为，内化为自己对自身在教育、管理、服务和发展方面要求的过程。在这一过程中，学生对自己的行为要负责，对由自身行为引发的问题的责任，教育管理部门可以通过协议、承诺书等形式加以明确，以校纪校规的形式加以规定。从另一个角度看，学生自身行为引发的问题交给学生处理，作为学生工作管理者只是起到引导、指导、咨询和协调的作用，这样就可以缩小教育和管理的空间，提高教育、管理与服务的效率。三是要通过各种渠道和方式，帮助大学生树立正确的世界观、人生观和价值观，形成高尚的道德情操和良好的心理素质。深入学生当中，了解他们的所思所想、所需所盼，有针对性地帮助和引导他们处理好学习与实践、交友与择业、身体与心理等方面的具体问题，提高认识水平和精神境界。引导学生反思人生，让学生回顾、思考、评价自己过去的言行，思考和自我总结，丰富和完善自我。四要加大学生工作管理透明化进程和宣传力度。让学生能够清楚地看到学生工作管理到底包含哪些方面的内容以及自己能够享有的权利与义务，将学生工作管理清晰化、步骤化、流程化和透明化，坚守传统媒体如校报、广播、宣传栏等不放松，合理运用新型媒体如校园网、移动设备等，让学生更加了解自己，更加了解学生工作。

2. 创造学生“自转”的条件

高职院校要为学生“三自”提供参与实践的机会，打造参与自我管理和自我服务的平台。大学生自我管理是通过学校提供各项学生工作管理岗位、搭建的学生组织平台来实现的，如勤工助学岗位、社会实践团队、学术研究团队、创新创业团队，各学生干部组织、学生社团组织、学生自管委员会、学生创新实验室和工作室等。这有助于提升和培养学生自我管理的能力，主要体现在三个方面。一是有利于培养学生的生活自理能力。引导他们逐步摆脱依赖和依附学校、老师和家人的心理，树立独立生活的意识，为将来走向社会打下坚实基础。二是有利于培养学生的自主学习能力。激发学生学习的主人翁意识，变“要我学”为“我要学”，不断增强社会责任感和历史责任感，强化学习的内在动力。三是有利于培养学生的社会活动能力。从高等教育发展规律和实践的角度看，学生的成长成才，只有通过自己的主观努力和积极实践才能实现。无论是知识的获得，还是能力的培养，或是良好行为习惯的养成，都是在“内化于心、外化于行”的基础上，通过自我调节和自我控制不断提高社会实践活动、组织策划管理和人际交往等方面的能力。

（二）健全机制，激发学生乐于“公转”

“公转”是指大学生参与到学校的教育、管理与服务工作中来，在自我教育、自我管理和自我服务的同时，也教育、管理和服务他人。学生既作为“三自”的主体，同时又是“三自”的对象。学生工作管理者要了解和认识大学生的个性与特性，尊重学生身心发展特点和成长成才的发展规律，不断满足学生各个方面的需求，促进和引导他们向更加积极、健康的方向发展。

1. 建立健全参与学生工作的激励机制

一是要制定公正、合理的选拔制度。鼓励更多学生参与到学生工作管理中来，争取让学生工作管理的每一个环节都有学生参与。选拔一批思想觉悟高、学习成绩好、工作能力强和服务意识高的学生参与到学生工作管理中来，改变学生在学生工作管理中的被动和从属地位，学生工作管理的事务性工作让学生自己制定规则，自己决策并完成。思想觉悟高是做好学生工作的前提，只有思想认识到位了，才能更有效地指导实践，才能协助学生工作管理者做好学生思想教育和管理工作；学习成绩好是搞好学生工作管理的保证，学生在校期间的主要任务是学习，搞好学习的同时参与学生工作管理是对学生能力的锻炼；工作能力强是更好地为学生服务的保障，良好的人际关系处理能力、组织协调能力、实践操作能力和沟通能力是提高学生工作管理效率和效能的必要条件。在这种模式中，学生既是教育者、管理者和服务者，又是教育、管理和服务的对象。学生在这种角色转换中不断地增强自我教育、自我管理和自我服务的意识，提升自我约束、自我管理能力。二是要制定激励机制。对于表现突出的学生予以奖励并广泛宣传，一方面，有利于调动他们参与管理、服务学生的积极性，将更多热情投入学生工作中来；另一方面，可以吸引更多的学生关注甚至参与进来。三是要充分尊重和听取广大学生对学校教育、日常管理和引导服务的建议，根据学生的意见和需求不断调整工作方向和重点，优化自我教育、自我管理和自我服务的目标，促进学生全面发展。

2. 培养一支有能力、敢担当的学生骨干队伍

学生骨干包括在校、院（系）学生会、团委、分团委中担任职务的优秀学生，院（系）党支部、班级党支部、党小组的学生党员以及班级班干部、团干部等。学生骨干队伍是高职学生工作管理队伍的重要组成部分，是辅导员、班主任的左手右臂和得力干将，在各项活动中发挥着积极作用、表率作用和核心作用。当前，高职学生骨干愈来愈成为学校各项工作不容忽视的一大力量，发挥着重要作用。一是要发挥学生党支部作用，充分体现学生党员的先进性。加强对学生党员的教育和管理，提高学生党员自身素质，树立学生党员在学生中的良好形象。发挥学生党员作用，自觉维护学院的教学、管理和生活秩序。突出团组织的教育功能，不断提升青年学生的综合素质。党支部根据青年特点，服务学生成长需要，帮助和指导团总支不断优化常规教育活动，探索生动活泼、扎实有效的活动新载体，营造良好的校园文化氛围，丰富学生的课余生活，同时发挥学生特长，培养学生创新能力，促进学生全面发展。二是要充分发挥学生会、社团联合会等学生组织的作用，让学生组织成为学院真正的家。学生组织根据学生需求和学院要求，在学院团委的指导下，自主开展工作和活动。通过实践活动，使学生干部得到进一步的教育、培养和锻炼，不断发挥引导学生自我教育、自我管理和自我服务的作用和功能。学生会、社团联合会等学生组织是一个方便学生成才与发

展的服务机构，在这里既方便学生处理相关事务，又营造了一个规范、和谐、有利于学生发展的空间，让学生的个性发展和学校的规范管理相协调，让学生在接受管理和服务的过程中感受和谐，体验成长，接受教育。

第三节　高职院校学生教育管理工作的创新

民族要振兴，教育是根本。21 世纪最为突出的特征就是人力资源的竞争，人才的数量、质量以及人力资源的配置机制是一个国家可持续发展能否顺利进行的决定性因素。培养人才是一项复杂且系统的工程，作为培养具有高素质技能型人才的高职院校，在重视教学的同时，必须结合高职院校自身特性，针对高职学生的特点，开展调查和研究，找到有效的教育途径和方法，加强对学生的教育管理与引导。

一、高职院校学生工作的特点

（一）工作主体的层次性

高职院校学生教育管理工作的主体是一支以专职学生教育管理工作人员为主、兼职教师为辅的数量庞大、覆盖面广阔的教育管理队伍。具体而言，学生教育管理的组织机构按照层次划分，可分为高层管理机构、中层管理机构和基层管理部门三个层级。三个层级体系中，既有以学校分管学生教育管理工作的副书记、学工部（处）长、党总支书记、分团委书记、辅导员、班主任为主体的专职队伍，也有由校党委宣传部、组织部等政工部门和机关各行政部门有关人员、专业课老师组成的专职人员。因此可以说，高职院校学生教育管理工作的主体具有专兼结合、多层次、多格局的特点，基本实现了对高职大学生的全员、全程、全方位的“三全”管理。

（二）工作客体的多重性

随着经济的发展和时代的变迁，当今高职学生管理呈现出多样性的特点，教育管理客体的复杂性增加了教育管理工作的难度。一是高职学生大多处在18～23岁，这一时期正是一个人一生中心理和生理变化最大的时期，就学生个体而言，是一个复杂多变的矛盾体。二是高职院校学生群体成分复杂，多元化的学生群体增加了教育管理工作的难度。

二、高职院校学生工作的创新

创新是一个民族进步的灵魂，是一个国家兴旺发达的不竭动力。高职院校学生工作面临着新情况、新问题、新矛盾、新挑战，作为学生工作者必须转变观念，结合工作实际，开拓创新，与时俱进，建立适应时代的管理制度；勇于探索，勇于实践，寻求新的管理方法和途径，提高管理水平，为社会培养更多更好的优秀人才。

（一）教育管理理念创新

1. 转变教育管理观，树立以学生为本的思维模式

转变教育管理思维工作模式，改变传统封闭管理模式，建立“以学生需求为本”“以学生能力为本”“以学生素质为本”和“以学生发展为本”的生本教育管理理念；尊重、理解、信任和关爱学生，将学生放在管理的主体位置，尊重学生身心发展规律，考虑到学生的年龄特征、时代特征，学生教育管理工作者应从学生的内在需求出发，引导学生把自身的成才目标与学校的教育目标统一起来，为学生成长创造条件，使教育管理与服务体系结合在一起；实现从管理到服务的转型，把管理育人理念贯彻教育管理的始终。

2. 构建新型师生关系

现今是知识爆炸的时代，是互联网的时代。通信技术发达，信息传播途径广泛，学生获取知识、了解资讯、认识世界的方式、途径也多种多样；现在的高职学生成长家庭环境、社会环境也发生了新的改变，教师、学校管理人员对学生而言也不再是高高在上的神圣不可侵犯的存在，学生有自己的价值判断，对社会有自己的理解和认识。因此，传统的以“管住”为目标的管理方法已经不能适应现在的学生管理，新型的

师生关系亟待构建。作为高职院校的学生教育管理人员要认识到，开放性和灵活性是高职学生工作的新的时代背景和基本特征。故应当改变传统的学生管理理念和工作方式，构建相互尊重、理解的平等和谐的师生关系，由管理约束学生向服务发展学生转变。

（二）教育管理制度创新

1. 建立全员育人制度

影响人的外部因素主要包括遗传、环境和教育。学校的学生工作，育人既是一个传授、引导的过程，也是一个感化、熏陶和养成的过程。在学校中，从课堂学习到社会实践，从宿舍生活到学习生活，从教室文化到校园环境，点点滴滴，与学生生活相关的人、事都会影响学生的成长。传统观念中任课教师只管上课，思想政治教育工作是班主任或辅导员的任务。现在应该摒弃这种观念，转变教育模式，建立全员育人的意识，“教书”与“育人”不是剥离开来的两个部分。学校教育也不仅仅是任课老师、辅导员、班主任的事情。全员育人包括“教书育人”“管理育人”“服务育人”几个部分。学校的教师、各职能部门工作人员、管理人员因有一个共同的工作目标“育人”，在从事自己本职工作的过程中，对学生进行直接的或是间接的教育影响，以“润物细无声”的方式让学生在日常学习、生活中受到潜移默化的熏陶，把外在的教育影响转化为学生内化的教育影响。

2. 整合教育资源，形成教育合力

学生的教育管理涉及范围相当广泛，包括思想政治教育、法纪安全教育、心理健康教育、就业创业教育、综合素质教育、教育管理、公寓管理、社团管理、资助管理、档案管理等诸多方面。高职院校应整合教育资源，完善健全与高职学生特点相适应的管理制度，明确不同层级中学生管理相关部门的职责、权限关系，做到岗位到人、职责到人、责任到岗，实现管理者责、权、利的统一。各职能部门之间应建立起精诚团结、有效合作的一种工作状态，形成教育合力，使教育管理工作更加高效、实效。

（三）教育管理队伍创新

1. 优选适合人才进入学生管理队伍

学生管理队伍（辅导员或是班主任）是与学生接触最多，对学生影响最大的人员之一，是高职院校开展学生管理工作的骨干力量，是高职学生思政教育和管理工作的直接一线的组织者和实践者。因此，建立一支素质高、能力强、较稳定的学生工作队伍显得尤为重要。高职院校应建立和规范学生管理队伍的准入机制，优选政治强、业务精、纪律严、作风硬、心理素质好的人员进入到学生管理队伍中来。结合学生管理工作特点，还应考核应选人员的表达力、沟通能力、思维创新力等。

2. 学生管理队伍不断充电、提升

学生教育管理工作具有工作主体的层次性、工作客体的多重性、工作环境的复杂性等特点。学生教育管理过程中会不断地面临新的环境、新的情况、新的问题，因此，学生管理队伍也需要不断地提升自己，充实自己。高职院校应对学生管理队伍建立合理的培训规划，建立多种层次、多种主题、多种形式的校内外培训机制。通过培训让新进人员快速地了解学生管理工作、熟悉业务；通过培训让学生管理队伍掌握教育原则、方法、教育的艺术；通过培训让学生管理队伍工作增强职业认同感和责任感，引导他们以身作则，细心、耐心地开展工作；通过培训让学生管理队伍提高其心理咨询、就业指导、资助经济困难学生的能力，提高工作效率，增强工作积极性。

3. 学生参与管理，实现学生自我教育管理

管理的最高境界是“无为而治”。老子《道德经》说：“太上，不知有之；其次，亲而誉之；其次，畏之；其次，侮之。信不足焉，有不信焉。悠兮，其贵言。功成事遂，百姓皆谓‘我自然’。”要实现这种“我自然”的良好状态，除了需要教育管理人员自身具有较高的素质和管理艺术以外，还需要学生提高教育管理能力，包括自我教育、自我管理、自我服务。增强学生的“三自”能力，既能提高教育管理效率，又符合素质教育以学生为主体、发挥学生主体性的基本要求。

(四) 教育管理方法创新

1. 进行全方位教育，提高学生综合素质

对高职院校学生实施包括思想政治教育、法纪安全教育、心理健康教育、就业创业教育、创新意识教育等全方位的教育。教育方法是一个多元方法体系，是教育者行使教育职能、实现教育目标，使教育工作落到实处的重要环节。一方面，世界经济发展和科技进步主要是依靠高素质的人才，我们培养学生就应该使学生能够在德、智、体、美、劳等方面全面发展，提高学生的综合素质。另一方面，传统的教育方法与新经济时代的要求相距甚远，教育领域出现的诸多新生事物从客观上要求对教育方法进行创新。教育者要根据教育规律、教育原则，结合时代特点，把现代网络技术、可行性分析技术、全面质量管理技术等先进技术成果引入教育领域，并加以调整、改革，推广创新教育。时代的发展需要既具备科技知识又具备人文素养的高素质综合人才，需要教育管理者既重视科学知识教育，也加强人文教育，使高职院校真正承担起融合科技教育与人文教育，为国家培养符合时代需要的高素质人才的历史责任。管理者创新教育方法，在教育过程中处理好知识、能力与素质的关系，以适应社会需求为目标，突出人才培养的针对性和应用性，让学生具备一定的可持续发展能力。

2. 创新管理方法，提高管理质量

学生的教育管理涉及范围相当广泛，包括理论教学管理、实践教学管理、学生公寓管理、学生资助管理、学生社团管理、学生档案管理等诸多方面。知识经济时代新技术、新事物不断出现，给教育带来的影响也很大，教育管理的特征也在不断变化，教育领域出现的诸多新生事物从客观上要求对教育管理方法进行创新。学生是我们教育的主体，我们一切的努力都是为了学生更好地发展，学生处在整个管理体系的最重要位置。教育管理者需要认真研究教育领域的新事物、新变化，总结规律，把握特点，充分运用新技术、新方法，不断地整合与创新管理方法，提高管理质量，使教育管理更加适应时代发展的要求，从而有利于

学生创新意识和创新能力的提升，培养出更多适应时代发展需求的具有创新思维的人才。

（五）教育管理途径创新

1. 充分发挥学校的主渠道作用

高职学生教育管理要充分发挥学校教育的主渠道、主阵地作用。一是要充分发挥课堂教学在教育管理中的重要作用。课堂教学是教育的主要途径，是大学生系统学习知识、进行思想教育的重要渠道，要充分发挥课堂教学对高职学生教育管理的作用。二是要整合现有思想政治理论课程、创新创业教育课程、健康教育等相关的内容，突出和渗透各门课程中蕴涵的丰富的教育资源，使这些课程教学在培育大学生素养方面更加理论化、系统化。三是要加强校园文化建设，在潜移默化中对大学生产生教育影响。开展丰富多彩、积极向上的科技、体育、艺术等活动，寓教育于娱乐之中，潜移默化地陶冶学生情操、愉悦身心、凝聚人心、激励斗志，培养学生的综合素质。四是教育管理人员要多方位进行教育指导，发挥辅导员和其他任课老师的作用。对学生最熟悉的，莫过于辅导员。辅导员是在日常学生管理中与学生直接接触最多的教师之一，他们对学生的个性特征、心理状态等方面都有比较全面的了解，这样的优势就使得他们能对学生进行具有针对性的教育指导。此外，其他任课教师，尤其是专业教师，是除辅导员外与学生接触交流最多的教师。学生愿意与教师就存在的问题进行探讨，任课教师可以利用其自身优势，帮助学生提高理论知识水平和专业技能，引导学生形成正确的“三观”。

2. 拓宽校外教育管理途径

学生受到的影响是来自多方面的，包括学校、家庭和社会。教育影响要形成教育合力，就需要多方面的共同努力。一方面，学校要和家长建立起联系，既可以了解学生的基本情况，有利于有针对性地开展教育引导工作；又能将学生的在校情况及时反馈给家长，双方共同对学生开展教育。家庭内进行教育有其独特的优势。父母对子女而言具有亲和力，可有效减弱学生的逆反心理，强化教育的效果。家庭教育伴随人的一生，人的成长无时无刻不受家庭教育的影响。优良的家庭教育，不仅能够培养出好的家庭成员，更能为社会培养好公民；不仅能够塑造公民的个体灵魂，而且影响着民族的整体精神。因此，家庭教育在学生发展中发挥着不可忽视的启蒙和熏陶作用。另一方面，开展校企合作，充分利用校外丰富的教育资源，对学生实施教育影响。企业相对于高职院校而言，蕴含着丰富的有形和无形的教育资源。高职院校在与企业“合作办学、合作育人、合作就业、合作发展”的过程中，对这笔教育财富应该充分加以利用，和企业开展联手合作，开辟高职院校教育管理的新途径，共同做好高职院校学生的教育管理工作。

3. 充分利用网络，开展教育管理

随着科技的不断发展，各种新技术、新工具不断涌现，这些新技术、新工具都是为了让人们的学习生活更加方便舒适。通过信息化校园可以让学生用自媒体网络进行交费、选课、考勤、查成绩、找资料、问答甚至听课等，使学生感受到网络的方便快捷，让他们在网络上学习到丰富的人文、科技知识，提高自身的素质和能力，从而形成积极健康的校园网络文化。同时，加强高职学生自我教育的能力，提高学生的道德修养，开展“网络道德”的讨论、“争做文明网人”“文明网络大家建”等活动，引导他们正确认识网络生存方式与现实生活的关系，让大学生自觉辨识什么是道德的网络行为，在保持自己个性的同时，应该诚实守信，尊重他人的隐私和劳动成果，保守秘密，不发表不负责任的言论，自觉抵制不良网络行为，争做文明网络人，构建积极健康的网络主流文化。同时，积极组织校园文化活动、实践活动和心理疏导活动，使高职学生能在“网下”实现他们包括友情、认同、交流、释放压力等方面的需求，为其提供增强实践、实现自己价值的机会，减轻对网络的依赖程度。

第四章　校园文化与高职校园文化

第一节　校园文化的内涵

一、校园文化的基本概念

（一）文化的概念

尽管校园文化的概念是在19世纪90年代提出的，但校园文化作为一种文化形态，是伴随着学校的出现而产生的，它是社会大文化的一个组成部分。换言之，校园文化作为一种客观实在，无论人们是否意识到它的存在，在学校出现时，它便作为一种独特的文化形态产生并且存在于“文化世界”中了。

文化有广义和狭义之分。广义的文化，又被称作大文化，是指人类与一般动物、人类社会与自然界的本质区别。它着眼于人类卓立于自然的独特生存方式，其涵盖面非常广泛，因而将人类社会历史生活的全部内容统统摄入文化的定义域。与广义文化相对的，是狭义的文化。狭义的文化，又被称作小文化，是指人类的精神创造活动及其结果。它排除了人类社会历史生活中关于物质创造活动及其结果的部分，专注于精神创造活动及其结果。

一种文化的产生必须具备三个基本条件：群体、同类文化意识和物质载体。

1. 群体

群体是指有整体认同感和归属感、有共同利益、为实现共同的目标在行动上相互协作的整体。文化是由人创造的，文化的本体是人。但是，个体的人只是一种文化的表现者，群体的人才是文化的创造者。对于校园文化来说，其群体是学校的全体成员，即教育者和学生。

2. 同类文化意识

同类文化意识是指某一群体的成员在相互的交往过程中形成的共同的、特殊的（相对于其他社会群体的）活动方式、行为规范、价值观念、思维和表达方式以及角色认同心理等。对于校园文化来说，其赖以产生的群体（教育者和学生）出现后，在学校中教育者以其明确的“师”的角色和身份通过“教”的活动，将自己掌握的知识、技能、所代表阶级的道德观念、价值观念、世界观、行为模式、思维方式等系统地传授给学生；而学生以明确的“生”的角色和身份，无须通过直接的生产和生活活动，只需通过“学”的活动，将教育者传授的东西内化为自己的知识、技能和思想观念。在共同的行为准则的约束下，教育者和学生互相影响、互相作用，就形成了既源于社会又高于社会文化的共同的文化意识的相对独立的文化形态——校园文化。

3. 物质载体

物质载体是指文化赖以体现的条件。校园文化的物质载体，是指固定的教学场所、常备的教学设施，如教学楼、图书馆、体育场等。

（二）校园文化的概念

近年来，人们对校园文化概念的内涵进行了广泛的研究，但到目前为止还没能形成一致的认识。从整体上看，比较有代表性的有以下十种观点。

1. 课外活动说

这种观点认为，所谓校园文化，系指在校的青年、少年、儿童，在完成教育大纲和教学计划所规定的系统学习和实践任务以外，利用课余时间，从个人兴趣、爱好出发，自愿参与的适合各自年龄特征的多种文化、艺术、科技、体育等群体活动的总称。

2. 校园精神说

这种观点认为，校园文化是在学校这一特定的环境范围内生活的全体成员所共同拥有的价值观在物质上、意识上的具体化。狭义的校园文化则指学校群体精神生活的总和，诸如长期形成的校园精神、优秀传统、文化教育观念、价值标准、道德规范等属于群体意识的非物质要素。

3. 文化氛围说

这种观点认为，校园文化既不是课内活动，也不是课外活动，而是校园中具有学生特点的精神环境和文化氛围；或校园文化是学校在教学管理及整个教育过程中逐渐形成的文化氛围和文化传统。它强调环境的熏陶，通过特定的文化氛围使置身于其中的学生受到熏陶和启发，从而获得全面发展的文化形态。

4. 意识形态说

这种观点认为，校园文化是由学生这一特定的社会群体在学校这一特定的环境中所创造的一种社会文化，是校园意识形态的总和。

5. 物质、精神总和说

这种观点认为，校园文化指学校在长期的育人实践中所逐步形成的具有学校特色的物质财富和精神财富的总和。

6. 文化要素复合说

这种观点认为，校园文化指在学校工作、学习和生活中由全体人员创造的、具有新的内容和独特形式、以不同形态存在、最小独立单位组成的复合整体。

7. 文化指令说

这种观点认为，校园文化是一套指导师生行为的文化指令。

8. 启蒙说

这种观点认为，校园文化是一种旨在对校园亚文化群体进行精神性现代启蒙的文化形态。

9. 精英说

这种观点认为，校园文化是一种根植于民族文化和城市文化，超前于大众文化的、相对独立的、以精英分子为主体的文化形态。

10. 活动说

这种观点认为，校园文化是学生校园生活存在方式的总貌，是一种寓教育于活动的文化形态。

上述各种校园文化观都从具体的某一角度或某些方面揭示了校园文化的部分内涵，对校园文化的认识和理解具有重要的启迪作用，但也存在着明显的不足。从整体上看，这些校园文化观大致又可以分为两类：一类是指校园文化包含了校园生活的多种内容，既有物质的，又有制度和精神的；从事文化活动的主体是在校学生，另外还有教师、干部、工人等；活动范围涉及教学、科研、有组织的或无组织的闲暇生活等；主要体现于一所学校对学生在德、智、体、美、劳等方面要求的综合校风。另一类是指学校内的学生文化，主要以学生的闲暇生活为背景，其主要内容是学生组织社团活动。我们可以进一步将校园文化的概念概括为：校园文化是指学校全体师生员工在长期的办学过程中培育形成并共同遵循的最高目标、价值标准、基本信念和行为规范，是校园中全体成员在长期的办学过程中共同创造和形成的，并为全体成员所认同的校园精神以及培养这种精神所需要的文化环境的总和。简单地说，校园文化就是学校在长期发展中形成的，为全体成员认同遵循并带有本校特色的价值观念、行为方式、学校风气、校园精神、道德规范、发展目标和思想意识等因素的综合。

综上所述，校园文化是一种管理文化，同时也是教育文化和微观组织文化。从构成上看，校园文化大致可以分为物质文化、精神文化、制度文化和行为文化四个层次或四个方面、四种基本形态。它以社会先进文化为主导，以校园精神为核心。校园文化对学生的成长和综合素质的提高起着重要的促进作用，是学校实施德育工作的有效途径，是学校加强思想政治工作的重要载体，是学校精神文明建设的重要组成部分。也就是说，校园文化具有示范、导向与凝聚、扬弃与创造、约束与熏陶、平衡与协调等多方面的功能；同时又具有知识性、社会性、传播性、思想性、科学性、美育性的价值。对校园人文环境氛围的培育、对人才素质的提高、对建设先进文化具有促进作用。校园文化的本质可归纳为三个方面：第一，校园文化是一种亚文化，是社会大文化的一个组成部分。因此，校园文化是受社会主流文化的影响和制约，与社会主流文化的基本倾向保持一致；第二，校园文化是学校物质文明和精神文明的客观反映；第三，校园文化是为学校实现各项职能服务的，它既是学校全体成员在实现学校的各项职能中产生和发展的，同时又时刻为实现学校各项职能服务。

二、校园文化与社会文化

总的来说，校园文化是整个社会文化系统中的一个子系统。具体来说，二者既是差别与对立的，又是协调与统一的。

（一）校园文化与社会文化的差别与对立

校园文化不同于一般的社会文化。从形式上看，校园文化与社会文化的范围不同，校园文化主要存在发展于学校之中，校园文化是社会文化的一个分支；而社会文化是普遍存在于社会各个领域中的一般文化状况。因此，社会文化的范围要比校园文化宽广得多，二者是整体与部分的关系。从内容上看，校园文化侧重教与学，并在此基础上配合各种实践活动，活动产品以精神产品为主，使学生的知识水平、思维方式、价值导向、思想观念等提高到新的境界；社会文化则不同，它以生产实践为基础，这种生产实践与校园文化中教与学相比，无论在行为的主体、客体、目的、手段、过程和结果等方面都不相同，活动产品既包括精神产品，也包括物质产品，且以物质产品为主要的和基本的产品。

校园文化与社会文化存在一定的对立关系，主要表现为二者是相互排斥的。这种排斥，最强烈地反映在二者发展的不同步上。一般有两种情形：一种是校园文化中某些学科知识或意识形态高于相应领域的社会文化状况，使得校园文化强烈要求改革社会文化的现实状况，而社会文化如果因某种原因不作相应的改革，二者之间就会出现矛盾。另一种是校园文化中某些学科知识或意识形态落后于相应领域的社会文化状况，使得二者形成相互冲突、相互否定、相互阻碍的态势。

（二）校园文化与社会文化的协调与统一

校园文化与社会文化的协调与统一突出地表现在二者的相互制约和影响上。

1. 社会文化对校园文化有强烈的促进和影响作用

（1）社会文化通过对社会经济、政治条件的改善，间接地为校园文化的发展提供有利的经济、政治环境，促进校园文化的发展。

（2）社会文化中科学技术的新发现、新发明和思想理论的新成果、新成就，无疑是科学知识更新的一个重要源泉。

（3）社会文化中各种各样的富有生命力的思想感情等，也往往直接地为学生所接受，从而逐渐地丰富了校园的精神风貌。但与此同时，校园文化也难免受到社会文化中夹杂着的一些不良倾向的冲击。

2. 校园文化对社会文化也同样具有重要的影响

（1）校园文化可以间接地促进社会文化的发展，而且具有多种多样的具体内容和形式，如校园文化中的科学文化知识，一旦运用于社会实践，便促使社会领域发生各种物质性的变化，为社会文化的发展提供一定的物质条件。

（2）校园文化也可以直接作用于社会文化，为社会文化增添新内容。如校园文化中的社会科学内容，由于正确地反映了社会现实和社会文化发展的客观要求，如果通过各种途径得到社会的普遍认同，就会转化为社会文化中的一项内容；学校中教师的思维方式和书本知识，无不随着一批批学生步入社会而汇入社会文化的洪流，给社会文化注入源源不断的新鲜血液。

（3）校园文化对社会文化的渗透。不少学生走上社会的实际岗位时，会把在校园中的生活方式、思维方式、行为方式、知识观念、情感意志带到社会中来，从而影响着社会文化。归结起来，校园文化影响社会文化主要通过三种形式，即人才输出、意识形态的灌输渗透、知识技能的传播。

总之，在社会文化与校园文化的相互作用和发展中，社会文化是校园文化存在的基础和前提，离开了社会文化这个大的背景，校园文化是根本不可能存在的。同时，校园文化又反作用于社会文化，校园是一个人才荟萃、学术思想活跃、富于创造精神的场所，它不仅可以在技术、知识等方面影响社会，而且在树立标准、展现理想、坚定信念等方面可以成为社会的文化先导。

三、校园文化的内容和特征

（一）校园文化的内容

校园文化的内容结构大致可以分为四个层次：物质层、制度层、精神层和行为层。

1. 校园物质文化

校园物质文化是指人们创造或使用的、能体现出创造者的自身某种价值或信仰、为人们感官所直接触及的客观存在物。校园物质文化是校园文化的表层部分，是形成精神层和制度层的条件。校园物质文化往往可以透射出学校的办学思想、教育方针、价值观、人才观、道德风尚、校风学风等，因此，也是校园文化的物质载体。校园物质文化主要包括校容校貌、教学手段和科研条件、课外文化体育科技活动等。校容校貌主要指学校的自然环境、建筑风格、教室布置、体育场所分布、生活条件等。教学手段和科研条件，不仅仅是指教学设施、科研仪器、实验室设备这些物体本身，更是指凝聚其中并通过它们反映出来的教育思想、治学态度等。课外文化体育科技活动主要指学生课外的文化艺术、科技学术和体育健身活动的品位、层次、频度等所反映的学校办学方针、人才观、校风学风等。

2. 校园制度文化

校园制度文化是指对学校师生员工和学校组织产生规范性、约束性影响的部分，它是校园文化的中间层次，集中体现了校园文化的精神层和物质层对个体和群体的行为要求。它主要包括各种校纪校规、制度、公约、行为规范及约定俗成的习俗等。如校训、学生守则、教学管理制度、文明行为准则等。校园制度文化主要规定了学校成员在共同的教学科研管理活动中所应遵循的行为准则。它是校园文化生成的保障。校园文化的生成离不开制度的保障，应当使校园文化做到“有法可依、有章可循”，一个学校如果仅有优越的环境，没有严格的规章制度来约束和规范师生员工的行为，就可能导致学校纪律涣散、秩序混乱。但文化的制度更应当注重“以人为本”的管理原则，把规章制度转化为师生自觉遵守的行为规范和习惯，真正用以增强师生的思想意识与品德修养。

3. 校园精神文化

校园精神文化主要指学校领导、教职工和学生共同信守的基本信念、价值标准、道德风尚及精神风貌，它是校园文化的核心和灵魂，是形成校园文化的制度层和物质层的前提和根源。校园文化中有无精神层或精神层的优劣，是衡量一所学校是否建立了自己的校园文化或校园文化优劣的标志和标准。校园精神文化的内容主要包括学校精神、校园文化氛围、价值观念等。具体来说，主要包括以下五个方面。

第一，学校目标。它是学校发展战略的核心，我国各级各类学校都应把培养有理想、有道德、有文化、有纪律的“四有”人才作为学校发展的根本目标。

第二，办学思想。这是学校为实现根本目标而在教学科研管理等一切活动中的基本信念，是学校领导班子对人才培养方针、战略和策略的哲学思考。

第三，学校精神。它是学校有意识地提倡、培养的师生员工的优良精神风貌，是对学校已有的观念意识、传统习惯、行为方式中的积极因素进行总结、提炼和倡导的结果，是全体师生有意识的实践所体现出来的。

第四，校风学风。校风是校园文化外在的表现，是学校及其教职工在办学过程中形成的一种精神状态及精神风貌。

第五，学校道德。它是指学校内部调整人与人、单位与单位、个人与集体、个人与社会、学校与社会之间关系的准则和规范。校园精神文化是深层面的校园文化。它是校园文化的核心内容。校园精神文化既是校园文化建设所要营造的最高目标，也是建设校园文化所必需的根本基础。一所学校师生员工精神文化丰富健康，思想积极向上，精神风貌良好，就能形成一个影响全体师生员工的优良环境。这种深层次的文化会使师生员工很明显地感受到正确、健康、向上、积极的精神文化的深刻熏陶、影响和教育。一种和谐、宽松的文化精神环境可以潜移默化地把外在的要求内化为校园文化主体的自我要求，激发他们的求知欲望，逐步建立起正确的世界观、人生观、价值观，塑造优良的个性品格。

4. 校园行为文化

校园行为文化是校园文化的实践与体现。它主要包括以教学为中心的各种行为方式和业余生活方式等。如校风、教风、学风、班风、学术风气、人际关系等群体行为和文体活动、社团活动、宿舍文化、生活方式等。

总之，校园文化是校园物质文化、制度文化、精神文化和行为文化不可分割的有机整体。从性质上看，物质文化和制度文化属于“硬文化”，是直观的、具体的；精神文化则属于“软文化”，是无形的、抽象的。研究校园文化，必须全面把握这两种辩证关系。

（二）校园文化的特征

校园文化作为社会文化的子系统，具有社会文化总的趋向和特征，但同时它又有着区别于其他群体文化的鲜明特征。

1. 校园文化的目标指向性特点

校园文化的目标有着明确的指向：一是社会主义的办学方向；二是集体主义的价值取向；三是爱国主义的高尚情操；四是爱校如家的深厚

情谊。因此，在校园文化建设中必须坚持马克思主义的主导地位，抵制一切腐朽思想的渗透和影响，积极倡导一切有利于改革开放和社会主义现代化建设的思想和精神。

2. 校园文化先导性与各具特色性特征

校园文化活动能够迅速地汇集并传播各种社会思潮及其他信息，及时地反映或预示学术前沿动态和科技发展水平。尤其是就高职院校文化活动而言，以高职院校为产地，以高职院校师生为主体的高职院校校园文化，其发展水平一般处于社会文化的潮头，相对于社会主体文化而言，具有一定的超前性和先导性，并对社会文化的更新和再造起着先导作用。校园文化的文化先导性是校园文化的普遍特征，但作为长期历史沉淀的物质财富和精神财富的总和，不同学校的校园文化又具有各自不同的风格和特色，并直接影响到人才的培养，使不同学校的师生具有不同的品格和气质。

3. 校园文化的开放性与相对独立性特征

开放性与相对独立性是校园文化在现代社会信息传播高度发达条件下的重要特征。在普遍联系的世界里，作为社会文化的校园文化既不可能依靠其他的社会文化而产生，也不可能脱离其他的社会文化而生存，信息传播手段的迅速发展，更使校园文化客观上不可能封闭在校园之中，它与外部的世界、社会的其他文化不停地进行着信息、能量和物质的交流。因此，校园文化具有相对的开放性的特征。也正是因为这样，校园文化才能在不断汲取社会的主流文化和其他亚文化的营养和精华中发展、进化和完善，而且还能够以其超前性、导向性和示范性影响和促进整个社会文化的发展。校园文化的相对独立性主要体现在它具有特定的文化创造的主体、环境，特定的文化创造方式与记录文化成果的手段。校园虽然存在于社会中，但又相对独立于社会，可以说是一种特殊社区。校园内的主要活动就是实施教育和接受教育，校园生活与社会生活在内容上有很大差异，相对比较纯净，更多的是鼓励超脱于社会功利的自由气氛，显得更为民主。在一定意义上说，学校校园文化是自成系统的，具有自己独特的形成、演化和继承的规律以及自身的存在方式和历史渊源。

4. 校园文化的动态性与时代性特征

动态性是对校园文化的发展过程而言的，任何一所学校的校园文化，都不是静止不变的，而是动态发展的。它经历一个从无到有，从少到多，从低级到高级的渐进过程。今天校园文化是昨天校园文化的继承和发展。只有认识到校园文化的这一特征，我们才能用辩证的观点，时时处处审视校园文化变化发展的情况，从而促进其朝着预期的目标健康地发展。时代性是对校园文化的形成和发展而言的。任何文化都是时代的产物，都要反映时代的要求，校园文化也不例外。校园文化在其形成和发展过程中，无不受到一定时代政治、经济的制约和影响，打上时代的印记，反映时代的风貌，具有时代的精神特点。校园文化的时代特征，决定了它必须紧跟时代的步伐，与时俱进，这是校园文化的根本生长点。

此外，校园文化还具有多元性与多样性、规范性与制约性等特征。一方面，校园文化就其内容而言，具有多元性特征。校园文化的内容是丰富多彩的：既有物质的，又有精神的；既有制度的，又有行为的；既有个体的，又有群体的；既有移植外来的，又有自身生长的；既有继承传统的，又有发展创新的。这一多元性的特征，体现了校园文化丰富的内容和深刻的内涵。多样性是对校园文化的活动方式而言的。校园文化的活动方式，不是孤立的单一的，而是丰富的多样的。它既有校园集体的活动，也有个体的活动；既有集中性的活动，也有经常性的活动；既有口头语言的活动，也有书面语言的活动；既有有组织的正式活动，也有自发的非正式活动。这种多样性的特征，使校园文化呈现出五彩缤纷的生动特色。另一方面，校园文化就其可控性而言，具有规范与制约性特征。相对来说，社会文化由于影响的因素、途径和方式的复杂，不可控因素较多，因此，具有较明显的随意性。而校园文化则不同，它必须为学校的培养目标服务，围绕培养目标而开展，受培养目标的调控；同时，校园文化的可控性还表现在受制度文化的影响方面，即校园的规章制度对校园人的行为具有严格的规定性和制约性。校园文化的这种规范性和制约性，指引着校园人朝着既定的培养目标明确而有序地开展活动。

第二节　校园文化的功能和地位

一、校园文化的功能

苏联著名的教育家苏霍姆林斯基在《帕夫雷什中学》一书中说过，用环境，用学生创造的周围情景，用丰富的集体精神生活的一切东西进行教育，这是教育过程中一个微妙的领域。校园文化就是这样一个微妙的领域。校园文化作为投射到校园各教育对象、教育工作者、各结构单位的特殊精神环境与文化氛围，在培养人才的过程中具有特殊的功能。其主要表现在如下几个方面。

（一）校园文化的导向功能

所谓校园文化的导向功能，指的是校园文化能对校园整体和校园内每个成员的价值取向及行为取向起到引导作用，使之符合学校所确定的目标。校园文化的导向功能具体表现在两个方面：一是对学校成员个体的思想行为起导向作用；二是对学校整体的价值取向和行为起导向作用。校园文化之所以会有导向功能，是因为一个学校的校园文化一旦形成，就会建立起自身系统的价值和规范标准。当学校群体成员在价值取向和行为取向与校园文化的系统标准产生相悖现象时，校园文化将发挥导向作用。

校园文化的这种导向作用是通过校园文化的塑造来引导其成员的行为心理，使人们在潜移默化中接受共同的价值观念。校园文化能够把学校全体师生员工的思想和行为统一到学校的发展目标和人才的培养目标上来，保证学校发展方向，体现学校精神，并逐渐形成一种与之相适应的环境和氛围。尤其是青年学生精力旺盛，他们除了完成正常的学习任务外，还有许多能量需要消耗在课余活动之中。良好的校园文化，会把学生的业余活动引导到正确方向上来。如果没有良好的校园文化为他们释放能量提供正确的方法和场所，他们就会寻找其他的宣泄方式，不利于他们健康成长。

（二）校园文化的约束和熏陶功能

校园文化的约束和熏陶功能，是指校园文化对每个学校成员的思想、心理和行为能产生潜移默化的影响和具有约束和规范作用。校园文化是一种具有较强凝聚力的文化，它所具有的价值观念、道德观念、行为规范及行为模式，把师生员工的共同利益、共同理想、共同追求紧紧联系在一起，形成一种共同意志，对学校教职员工思想和行为起着一定的熏陶和约束作用，使每个成员都比较清楚学校提倡什么，反对什么，有明确的是非界限，从而使每个成员都自觉或不自觉地受到必要的制约，自觉约束和规范自己的行为，进而保证学校健康、稳定地发展，学生顺利成才。

当然，校园文化的约束更多的是一种软约束，这种软约束等于校园中弥漫的校园文化氛围、群体行为准则和道德规范。其作用机制是，群体意识、社会舆论、共同的习俗和风尚等精神文化内容，能造成强大的使个体行为从众化的群体心理压力和动力，从而使学校成员产生心理共鸣，继而产生行为的自我控制。

（三）校园文化的示范和教育功能

校园文化的教育功能是指校园文化作为一种背景文化，其主要作用是造成一种文化氛围，去感染、陶冶师生，使生活在校园之中的人能不知不觉地接受教育，并内化成风格、习惯，从而带上某种校园文化的烙印。校园文化所具有的很强的教育功能，而且这种教育功能不同于教师教、学生学的以单向灌输为主的课堂教育，它是一种耳濡目染、潜移默化的熏陶。正是由于校园文化的教育作用在于熏陶，因此它能消除某些正面教育所引起的逆反心理，收到正面教育所难以达到的效果。

校园文化的示范功能是指校园文化主体中的杰出人物对其他人的示范作用。在各校园文化的主体中，教师对学生的影响最大，是学生主要的模仿对象。教师的政治思想、道德品质、文明修养、治学态度、生活方式以及人生观、价值观，都会对学生产生潜移默化的影响，甚至是终生的影响。因此，教师不但要教书，更要育人；不仅要做传授知识、培养能力的“严师”，更要做求真、求实、求诚、品质坚毅、情操高尚的“人师”；不仅要关心学生的学业，更要指导学生提高治学、做事、律己、交友、待人处世等方面的修养。因为好的榜样是某种思想品德的具体体现，具有生动、鲜明的形象示范作用，使人们对行为准则、道德规范易于理解，易于效法，使人们受到感染和激励，因而具有强烈、深刻的教育示范作用。

(四) 校园文化的凝聚功能

校园文化的凝聚功能，是指当一种价值观被该校全体成员共同认可之后，它就会成为一种黏合剂，从各个方面把其成员团结起来，从而产生一种巨大的向心力和凝聚力，这种内在的向心力和凝聚力，使得广大师生员工目标一致，为了学校的发展共同努力。校园文化的凝聚功能主要体现在校园文化精神上：良好的校园文化环境使人身居校园，处处感到集体的温暖。同学之间团结友爱、互相鼓励、互相关怀。师生之间，学生尊敬师长，老师爱护学生。这种氛围使人感到心情舒畅，产生一股令人振奋、催人上进的力量。将来走出校园，师生会以身为这所学校的一员而感到自豪，会为维护母校的声誉、为母校争光而努力奋斗。

校园文化作为一种意识形态和价值观念，可以使生活在某种特定环境中的多数人有着相似的思维方式、思想追求和行为习惯。这种观念和行为的认同具有很强的凝聚力。如果这种文化氛围更多地具有爱国主义、集体主义、民族精神和全心全意为人民服务的因素，必然会推进工作、美化生活、和谐人际关系，促进教职员工把精力凝聚到为祖国培养人才、提高教育质量和办学效益上来，同时也会促使学生把注意力和干劲凝聚到学习和全面提高自身素质方面上来。

（五）校园文化的激励功能

校园文化的激励功能，是指校园文化具有使其成员从内心产生一种高昂情绪和发奋进取精神的效应。校园文化及校园文化活动，既可以陶冶校园人的情操，提高素质，激励校园人努力学习和工作，也可以鞭挞落后人员改变陈旧的文化观念，达到转化的目的。校园文化这种积极向上的思想观念及行为准则可以形成强烈的使命感、持久的驱动力，成为校园人自我激励的一座航标。

校园文化强调对其成员的尊重、关心、培养和提高，注意满足其成员的高层次的精神需求，积极发挥其成员在学校建设中的主体作用，它不是消极被动地满足人们对自身价值实现的心理需求，而是通过对校园文化的塑造，使每个成员从内心深处自觉产生为学校拼搏的献身精神。这种激励是持久的、十分强烈的激励，它不仅能激发全体成员对学校的认同感、自豪感和荣誉感，也能激发全体成员的工作热情或学习热情，从而使学校的凝聚力得到升华。

（六）校园文化的创新功能

校园文化的创新功能，是指校园文化本身所蕴含的创新因素及其对生活在其中的成员的创新意识、创新潜能、创新方法的启迪和开发。丰富多彩的校园文化生活，包含了多样的知识内容，充满了创造活力，激发了生活于其中的每一位成员的开拓精神和创造灵感；另一方面，校园文化对非智力因素，如动机、兴趣、情感、意志、性格等的培养也有着十分重要的作用。

（七）校园文化的辐射功能

校园文化的辐射功能，是指校园文化一旦形成较为固定的模式，它不仅会在校园内发挥作用，对本校成员产生影响，而且也会通过各种渠道对社会产生影响。学校是传播精神文化的场所，其文化层次和品位较周围地区相对要高，由于学校坐落于一定区域之内，“学校文化场”对“周围文化场”的辐射具有其他文化无法比拟的功能优势。

二、校园文化在学校教育中的地位

学校既是人才培养的重要基地，也是先进文化创建与传播的重要阵地。校园文化作为中国特色社会主义文化的重要组成部分，其在社会主义建设中的地位可见一斑。另外，校园文化在学校教育和社会发展中也占有重要地位，特别是在知识经济迅猛发展的今天，加深对校园文化地位的认识，有助于我们加强校园文化建设，发展和繁荣校园文化，使其在学校教育和社会发展中发挥更大的作用。

（一）校园文化是学校德育和思想政治教育工作的重要载体

校园的特色建筑、校园的合理布局、园林的绿化美化等，使学生的心灵在耳濡目染中受到净化和启迪；丰富多彩的校园文化活动是学生最易接受的德育和思想政治教育方式，如英模报告会、先进人物事迹展；社会实践活动等形式多样、内容健康向上的各项校园文化活动，改变了单纯灌输式的教育格局，将娱乐趣味和思想教育有机地结合起来，使抽象的“空洞”的说教变得更加充实、更加具体、更加生动；此外，校园文化作为学校教育中的隐性课程，具有暗示性和渗透性的特点。校园文化对学生品德和政治素养形成的影响是潜移默化的，是一种无声的命令，无言的教育，是感化学生的熔炉，对学生成长和发展有着重要的影响；它与显性课程相配合，成为学校进行思想品德教育和思想政治教育的重要渠道和有效手段，同时，也是学生实践思想品德教育和思想政治教育的重要阵地。

（二）校园文化的发展是学校教育发展的重要组成部分

学校教育最主要的任务是培养人才。在我国，人才的培养有着特定的要求和丰富的内涵，即在 21 世纪的社会条件下的人才应当具备的德、智、体、美、劳等方面特质的综合。学校培养人才虽然不能主要依靠校园文化，但校园文化却是一个必不可少的条件。英国伊顿公学的校长威廉·约翰逊·科里普早在 1861 年就指出，建一所好学校，最需要学到的不是知识，而是艺术和习惯；专心致志的习惯，表达意见的艺术；表达在一瞬间注意到一项新的学术动向的艺术；迅速了解他人思想的艺术；重视细微差别的习惯，增强精神上的勇敢无畏并保持头脑清醒。而这些习惯和精神在很大程度上是从广泛的校园文化中得到的。

（三）校园文化是提高学生综合素质的重要方式

教育的重要内容和最终目的是提高人才的素质，这是素质教育观的中心内容。随着这种带有鲜明时代特征的新型人才培养观念的深入人心，校园文化在提高学生素质方面的作用逐渐凸显出来。首先，校园文化是对学生进行美育教育的生动教材。校园中大到每个建筑、每个雕塑，小到一草一木、一砖一瓦，无不蕴涵着特定的文化美，校园人无时无刻不受其熏陶和感染，长期生活在这样的文化氛围中，使得他们也以独特的美的意识，按照美的规律去规范自己的校园生活。其次，校园文化活动可以缓解学生的心理压力，调适学生的心理，使学生保持健康的心态。再次，校园文化活动丰富并拓展了学校的智育教育。最后，校园文化活动增强了学生的身体素质，更使他们在参与校园文化体育活动过程中体验到了体育精神并将这种精神发扬光大。

（四）校园文化是学校学生政治社会化的重要途径

政治社会化是社会成员由一个“自然人”转变成为“政治人”的过程。在这个过程中，通过政治教育和政治学习，社会成员了解政治传统，熟悉政治规则，形成自己的政治态度和意识，明确自己的社会政治角色，从而成为合格的政治活动参与者。政治社会化是人的社会化的重要组成部分，是国家培养合格公民的重要环节。校园文化在提高学生的政治素质，促进其完成政治社会化的过程发挥着不容忽视的作用：第一，校园文化渗透着教育目的，对学生具有明确的导向作用；第二，校园文化体现时代特征，有助于学生更新观念；第三，校园文化能完善学生的知识结构，有助于学生参与政治生活；第四，校园文化是学生自我展示的舞台，有助于学生增强政治参与意识。

第三节　高职校园文化的内涵及其特征

一、高职校园文化的内涵

随着社会经济的迅速发展，我国高等职业技术院校如雨后春笋，蓬勃发展，成为培养社会急需的各类高级应用型技术人才的新领域，高等职业教育成为高等教育的重要组成部分。高等职业技术院校作为培养适应生产、建设、管理、服务第一线需要的大量的应用型高素质人才的重要基地，在促进社会进步和地方经济发展中发挥着重要的作用。

高等职业院校建设校园文化，有共性也有个性。高职院校可以向普通高校学习建设校园文化的经验，但由于高职院校在教育目的、办学理念和培养模式等方面的特殊性，因此在校园文化建设方面也应当有自己的选择和创新。选择的是共性的规律，创新的是个性的形态。个性化的校园文化是一种特色，有特色才有区别，才有活力，才有发展。高职院校有两个主要特性，一是姓“高”——是高等教育的组成部分，其校园文化自然应该具有高等教育校园文化的内涵和共性；二是姓“职”——是职业教育的高层次，高职院校的定位是培养面向基层、面向生产、服务和管理第一线职业岗位的实用型、技能型专门人才，是以服务为宗旨，以就业为导向，以行业、企业、社会区域为依托。因此，高职院校办学理念和理想追求，应尽可能突出“职”的特点，融进更多的职业特征、职业技能、职业道德、职业理想、职业人文素质。

因此，从高职院校校园文化的共性和个性的探析，其内涵可以这样界定，高职院校校园文化是指以社会先进文化为主导，以高职院校的师生文化活动为主体，由高职院校校园中的所有成员在教育实践过程中共同创造形成的学校精神、规章制度、校园环境和师生活动的总和。具体地讲，就是以校风、教风、学风建设为核心，从精神文化、物质文化、制度文化、行为文化四个方面着手，以优美的校园环境、多彩的文化生活、高雅的艺术情趣、浓厚的学术氛围、科学的人文精神、娴熟的技能操作，形成催人奋进的学以致用的学校精神和科学、民主、实用的价值理念，导向正确的舆论环境，高效运转的管理制度，使学校文化形态、师生心态、技能状态内外和谐，办学实力、学校活力、动手能力、文明魅力刚柔相济，促进学校的全面、协调和可持续发展，创建品牌学校。

二、高职校园文化的特征

高职院校作为高等教育的组成部分，其校园文化具有大学校园文化的共同特征。然而，与一般高校不同的是，高职院校的人才培养目标、办学模式、教学模式和历史积淀等因素，形成了自身独特的校园文化。职业教育的目标是为国家和地方经济发展培养适应生产、建设、管理、服务第一线需要的大量的应用型高素质人才。职业教育培养的“实用型”人才，要求学生要掌握必须够用的基础知识，必须具备较强的技术应用能力，还要具有良好的“职业道德”和实干、创新、创业精神。具体地说，高职校园文化具有以下几个特征。

（一）造就更加“兼容、务实”的校园文化基调

高职院校推行的是职业教育而不是普通高等教育，是大众教育而不是精英教育，主要是培养适应生产、建设、管理、服务第一线需要的大量的应用型高素质人才。其专业的设置和学习的内容强烈地以就业市场或行业需要为导向，按照职业岗位或职业岗位群所需要的能力或能力要素对课程进行宏观和微观的设计，理论教学以必需、够用为原则，突出实践教学，与普通高等教育比较，理论的研究深度和广度不同，够用即可，强调的是“学以致用”。高职院校一般都吸收行业专家，成立专业建设指导委员会，基于工作过程导向进行专业建设和课程建设，基于行动导向进行教学改革，学校的教与学和企业的技术更新、管理更新等有着密切的联系。在这种教育模式下产生的必定是更为实用的学习目标和行为方式，在某种程度上吸收了企业文化的合理内核，某些高职院校甚至借鉴企业文化或企业的管理制度，来加强对学生或者教师的管理，同时校园文化的基调也变得更加务实。

（二）具有更强的开放性、兼容性与先导性

由于高职院校办学历史不长，历史的、传统的校园文化积淀不够，但开放性、兼容性较强。首先，作为新兴的教育力量，因其办学时间的相对短暂，年轻且富有活力，正处在积极吸纳各种优秀文化的阶段，因而高职校园文化具有更强的开放性与兼容性。其次，高职校园文化不够完善，但与实践贴近，先导性较强。高职校园文化建设就是教育者依据自己的教育目的和办学指导思想对社会文化的评价、选择、认可和吸收的过程，并给予社会文化以自我个性的呈现，从而使构成这种群体性文化的个体在语言、行为、创造性等方面显现出认同性趋向。各职业院校在不长的发展历程中，努力营造着富于地方特色或者行业特色的校园文化，使其文化的先导性、不可模仿性得到加强。

（三）受社会文化冲击很大，过滤功能相对较弱

在高职院校里，社会文化对校园文化的冲击是很大的，社会校园俨然一体。校园文化对社会文化的过滤功能在这里变得很微弱。由于高职教育坚持以服务为宗旨，以就业为导向，为企事业单位培养适用型高素质人才。强调与市场的“无缝”对接，企业需要什么人，学校就培养什么人；企业需要什么，学校就教什么。这样，使高职学院与企业的联系非常紧密，因而高职校园文化受到企业文化的影响。由于职业教育本身就要求专业教育与市场紧密地结合，学校有意识地培养学生的职业素质与职业习惯，因此，或多或少地都会模仿企业行为。在这一过程之中，同时使学生和老师的行为更加的企业化，使校园文化有了一些行业文化、企业文化、职业文化的特点。

（四）社会服务具有区域性、行业性特征

人才培养是立校之本，科学研究是强校之路，社会服务是兴校之策。没有教学，大学就不能称其为大学；没有科研，大学就不是高水平的大学；而没有社会服务，大学就不是现代大学。大学必须走出“象牙塔”，摒弃“经院式”的办学模式，直接为国家经济建设和社会发展服务。目前，我国各类型高校在人才培养、科学研究和社会服务等方面的定位各不相同，具有的现实或潜在的职能、层次也不一样。高职院校属

技能教学型高校，社会服务的特征与高职教育的特征、人才培养模式等密不可分，具有鲜明的区域性和行业性特征。高职院校的主要任务是向区域和行业提供技术应用型和高技能型的人才培训与培养，提供技术创新、推广和服务，实施先进文化的传播和辐射，使学校成为区域的技术技能培训中心、新技术的研发推广中心、区域学习型社会中心。往往通过社会服务、教学、科研“三位一体”的校内实践教学基地、校企合作的科技服务和员工培训、社区社会实践教学基地等方式，促进区域内职业教育、经济社会协调发展等。

（五）校风学风建设的要求相对更高、更严

高职学院校风学风建设的好坏不仅关系到一所职业院校建设的好坏，而且它将直接影响到人才培养目标能否完成。高职学院历来强调职业素质和习惯的培养。学风是校风的主体，在学校看来，学生在学校上课就如同在企业上班，要有强烈的时间观念，不能迟到，更不能旷课。课堂纪律、衣着规范、行为举止也应该相对严明。对待教职员工方面也一样有相对严格的规章制度，这也是为了缔造高职院校优秀校风学风必不可少的一种手段。更高、更严的校风学风可以更好地发挥校风学风的规范、筛选、激励、凝聚等作用，从而有利于高职学院的人才培养。如果没有良好的校风学风，那么学生的职业道德、职业素质和职业习惯根本就无从谈起，更别说培养高等应用型人才。然而，校风学风建设的高要求、高标准并不是可以轻易达到的。因此，如何建设职业院校的良好学风、校风是一个值得深入讨论、探索的问题。

第四节　高职校园文化建设的原则

一、主体性原则

（一）主体性原则的含义

主体性原则是指校园文化建设要把人当成管理活动的主体，发挥校园文化主体作用，以人为本，同时满足主体全面发展需要，注重主体行

为的自觉性、主动性，通过校园文化的塑造来挖掘、激发主体内在的巨大潜能、活力和创造性。校园文化主体是指营造、参与建设校园文化的校园人。

贯彻这一原则，就要充分发挥校园人的主体作用，重视主体精神，以人为中心，以人为本，在校园人的广泛参与中，构建更高层次、更高品位的校园文化。

（二）校园文化建设的主体性原则的必要性

校园文化建设的主体之一是学生。青年学生是学校的主要群体，他们思维敏捷，接受新事物快，富有创造精神，这些都深刻地折射到校园文化中，成为校园文化的重要组成部分，在他们身上蕴含着巨大的潜能，把这种潜能开发出来是使校园文化充满生机和活力的关键。尊重他们的创造精神，发挥他们的聪明才智，鼓励他们积极组织参与各种校园文化活动，从中受教育、长才干，在健康有序的校园文化活动中加强道德修养，补充课堂知识，培养实际操作能力和实践动手能力，从而达到自我教育、自我管理、自我服务和提高综合素质的目的，这是加强校园文化建设的最终目的。

（三）坚持主体性原则的举措

1. 树立“以人为本”的教育理念

校园文化是以学生为中心的文化，高职院校在校园文化建设中要坚持以学生为主体。着眼教育，以学生为本，真心真意地欣赏每一个学生，服务每一个学生。培养学生的健康个性，促进学生的健康成长。激发他们的自主性、自尊心和自豪感，树立一个真实、完整、积极的自我意象，形成积极向上的生活学习态度。

因此，在校园文化建设的思路和规划上，要充分尊重学生的权利和个性，充分考虑学生的正当利益和合理要求，满足学生正常的、合理的学习、工作、生活及其发展等各方面的利益需求。在组织实施校园文化活动时，注重人性化特点，充分考虑高职学生的心理特点，体现对学生的人文关怀，以实现学生的利益需求为落脚点。应充分调动学生的主动性，在校园文化建设中发挥学生的自我教育、自我管理、自我服务和自我约束的作用，充分体现出学生的“主人翁”地位。

学校的一切教育活动都是为了培养学生成才，校园文化建设也要围绕这个总目标，以培养优良的学风为突破口，推进校园文化建设。通过青年学生喜闻乐见、形式多样的活动陶冶青年学生的道德情操，培养学生的创新能力，提高其科学文化素质。高职院校只有不断加强校园文化建设，提升文化品位，才能在日益激烈的竞争中立于不败之地，也才能不断提升学校的办学质量与办学水平，为社会培养更多的优秀人才。

2. 充分发挥教师在校园文化中的主导作用

教育是人类有目的、有计划、有组织的培养人的活动，这个过程是非常复杂的系统工程，可见，校园文化在学校教育中具有举足轻重的作用，搞好校园文化建设对于学校的建设和发展具有深远的历史意义和重大的现实意义，其中，教师是校园文化建设的引领者，起着主导作用，这是提高校园文化质量的重要前提条件。

教师的知识水平、人格素质、品行举止、工作作风、态度的好坏，是构成校园文化的重要组成部分，对学生知识的接受、世界观、价值观的形成乃至整个素质的培养起着关键的作用。能否调动广大教师参与校园文化建设的积极性和主动性，在一定意义上说，是校园文化建设的关键所在，将直接影响到校园文化的建设和发展水平。这就要求教师要加强自身的修养，要培养崇高的师德，要树立严谨的治学态度，积极调动师生参与校园文化建设，每一个教师都应在传授专业知识的同时，有意识地将积极的生活态度、正确的价值取向与高尚的道德情操融于课堂教学之中，教书育人，以求通过潜移默化的影响对学生的思想道德教育起到极为有效的促进作用。

总之，高素质教师队伍的建设，对校园文化建设至关重要。教师群体必须在校园文化建设中积极参与并充分发挥主导作用，才能引导校园文化建设沿着正确的方向向高层次发展，使学校成为社会主义精神文明建设的重要基地。在校园文化建设中，教师和学生都是校园文化的建设者和受教育者，其中教师发挥着导向作用，学生发挥着文化传承的主体作用。学校要充分发挥教师这一特有的导向作用，以身为教，带动学生确立先成人后成才、知识就是价值和财富等基本价值观念，这种正确的价值观念将会引导学生形成勇于进取、甘于奉献的高尚品质。学生是校园文化中的主体，可以说校园文化很大一部分是学生建设的，更是为学生服务的，学生在校园文化中，既是创建者也是受益者，高职院校的学生动手能力强，形象思维能力好，因此怎样发挥学生的积极性和能动性，对于校园文化建设的好坏至关重要。

（四）营造班级和社团文化，鼓励学生主动参与社会实践活动

学生社团既能营造浓郁的文化氛围，也能对学生进行综合素质和能力的培养，更是学生从学校走向社会实践的桥梁。因此，在高职院校加强学生社团建设具有其深层次的作用和意义。

班级和社团文化出自学生之手，是学生自己的文化，因此，更容易为学生所接受。营造班级和社团文化，要利用人文优势，注重文化氛围对学生的熏陶。营造班级和社团文化，要以人为本，注重学生的主体发展，激发学生的创新精神和创造能力，人人都是身体力行的主人翁和实践者。使之在自主管理、自主实践中，达到自我锻炼、自我教育、自我创新的目的。

同时鼓励学生主动参与拓宽活动领域，使校园文化建设成为提高综合素质的第二课堂，校园是一个特定的社会环境，它具备特有的学术氛围和人文气息，要充分发挥第二课堂的育人作用。校园文化活动的主体是学生，更多的活动应该是由他们主动去组织开展。学校应抓住主流和大方向，鼓励学生成立各种校园社团，让他们主动开展活动，拓宽第二课堂的领域，为更多的学生提供锻炼和发展的机会，在课堂外的校园文化活动中学到各方面的知识。组织学生运用专业技术到社区去服务，开展科技、文化、卫生实践活动等，这样既延伸了校园文化活动的范围，又让学生树立起服务社会和关注社会的意识，不仅使学生在活动中锻炼了才干，接受了教育，而且有利于形成良好的人际关系，乐观向上的性格，成为全面发展的人才。

二、职业性原则

（一）职业性原则的含义

高职教育目标是为国家和地方经济发展培养适应生产、建设、管理、服务第一线需要的大量应用型高素质人才，因而高职校园文化应该强调职业性特征。职业性原则指高职校园文化体现高职教育个性特征，这种特征突出体现在校园文化与职业素质培养上。高职校园文化作为培养学生多方面才能和塑造学生健全人格等素质的重要途径，应为高职院校的教育目标服务。

高职校园文化建设要与职业素质教育紧密结合，促进学生素质尤其是职业性素质的提高，使学生具有较快的职业社会适应能力，为实现学校人才的培养与市场需求的“无缝对接”创造条件。

（二）坚持职业性原则的必要性

1. 职业性原则体现了普遍性与特殊性的统一

高职院校文化建设与本科院校一样，要培养学生正确的世界观、人生观、价值观，培养学生的社会公德、公民意识、爱国主义观念等，使学生成为合格的社会主义建设者和接班人，这是高职院校文化建设的普遍性体现。高职院校要紧紧围绕高职教育培养“职业人”的目标，充分体现职业教育特色。高职院校校园文化建设，要注重引进先进的企业文化，培养学生的职业道德和职业精神，为培养合格的“职业人”创造优良环境。这是高职院校文化建设的特殊性所在。由于学校的历史背景、学校结构、培养目标的不同，使得高职院校具有鲜明的个性特征，这在客观上要求高职院校在校园文化建设中突出自己的个性，形成鲜明的职业特色。因此，高职院校校园文化建设必须坚持职业性原则。

2. 职业性原则是高职院校自身发展的需要

当前，高职院校发展迅猛，但由于有些建校历史相对较短，有些高职院校基础设施、办学规模、教育质量、师资队伍等力量已经具有完备或较成熟的管理机制，但校园文化建设的力度不够，校园文化建设相对贫乏。而校园文化建设是一个长期的积累过程，是校风学风不断沉淀的过程，希望在一个较短的时间内成熟起来不太现实。因此，高职院校的文化建设，必须从各院校的实际出发，充分体现职业教育特色，为学校的总体目标服务。

3. 高职院校的本质特征决定其校园文化必须走特色建设之路

高职高专院校自诞生之时便与区域经济建设和社会发展息息相关，学校只有与企业紧密合作，坚持走育人为本，教学、科研、社会服务协调发展之路，才能建设一流的特色学院，才能实现高职教育的职业性这一本质特征。

职业性是高职教育的本质特征。学校与企业同行，共同构建产学研相结合的经营、服务实体和运行机制，在此框架内深入研究校园文化与企业文化的互补与融通，才能有效地促进高职校园文化特色建设目标的实现。

（三）坚持职业性原则的措施

1. 科学、准确定位高职校园文化建设

高职院校有姓“高”和姓“职”的两个主要特性。姓“高”，是高等教育的组成部分，其校园文化自然应该具有高等教育校园文化的内涵和共性；姓“职”，是职业教育的范畴，是高层次的职业教育。因此，高职院校的定位是培养面向基层，面向生产、服务和管理第一线职业岗位的实用型、技能型专门人才，是以服务为宗旨，以就业为导向，以行业、企业、社会区域为依托。其校园文化建设又应该具有自身的鲜明特色。因此，高职院校必须按照高职教育特点和规律，按照高职教育的办学理念和理想追求，既体现“高”又突出“职”的特点，融进更多职业特征、职业技能、职业道德、职业理想、职业人文素质。

2. 把校企合作作为校园文化建设新的着力点

高职教育的本质特征决定了高职院校人才培养的一种有效模式与途径“校企合作”，高职校园文化要彰显自身特色，在建设过程中也必须走校企合作之路，与企业共建共享，密切学校与企业的合作，将企业文化引入校园文化的建设当中，实现企业文化与校园文化的融合，创建有高职院校特色的校园文化。通过校企合作，从而达到培养高职学生良好职业素养，实现高职毕业生“零距离”就业。对于高职院校来说，只有在文化建设上实行校企结合，吸收不同类型企业的优秀企业文化，才能形成各具特点的、百花齐放的高职特色的校园文化。这种校企合作办学模式可以为校园文化建设提供有力的保障。

三、系统性原则

(一) 系统性原则的含义

系统性原则强调高职院校校园文化建设是一个系统工程，涉及学校的方方面面。因此，要从总体上对校园文化建设进行规划，做到物质文化、精神文化、制度文化、行为文化的多方面结合，使各种形态的文化协调一致，同时注意把校园文化建设与学校其他工作有机结合，保证校园文化建设协调发展，使其功能得到充分发挥，促使校园文化建设发挥出整体的作用。

这在客观上要求学校对校园文化建设实行统一领导，充分发挥党团组织、学生会和有关学生社团在校园文化建设中的重要作用，推进校园文化建设深入发展。

(二) 坚持系统性原则的措施

1. 明确校园文化建设目标，形成系统性理念

校园文化建设是一项系统工程，需要有一个整体构思，要进行整体设计和规划。学校各部门要齐抓共管、分工合作，师生员工要了解校园文化建设的重要意义，校园文化建设要充分发挥文化活动、组织机构、工作队伍、文化设施、文化环境、校园精神等各要素作用，并与其他方面协调一致，促使校园文化建设发挥出整体的作用。同时要明确校园文化是由精神文化、制度文化、物质文化和行为文化所构成。马克思说过：人创造环境，同样环境也创造人；空间影响行为，环境塑造人格。精神文化是校园文化的灵魂和核心，是一个学校本质、个性、精神面貌的集中体现；校园物质文化，即体现于校内物质方面的文化层次，是校园文化的物质载体，是高职校园文化的基础，它以其独特的风格和文化

内涵影响着师生的观念和行为；制度文化是校园文化建设的保障，是校园文化的行为规则，对师生员工行为起着同化和促进作用，使师生员工自觉或不自觉地受到熏陶；行为文化是校园人在校园活动中形成的一种独特的风格特征，动态体现该校独有的精神文化性质。这“四位”是一个有机统一体，不能割裂或片面孤立起来，否则都不能有效地提高高职校园文化建设的水平。

2. 关注和引导校园内的各种文化现象

文化是无所不在的，具有渗透性、传承性和发展性并存的特点。校园文化也如此，它浸透在全体师生的全部校园行为和人与人的关系当中，也通过各种包括自发的校园文化现象得到不断丰富和完善。

校园文化特别是自发的现象有很多形式，只要有师生出现的地方就有相关的文化现象，可谓无处不在。校园文化的多姿多彩、多样性甚至自发性特点，满足了正在成长的青年学生的需要，体现了他们成长过程吸收力强的特点。

高等职业校园文化建设是一个变体，是一个在不断运动着、变化着的文化现象，校园内各种文化现象既是校园文化建设的有益补充，又给理性的校园文化建设带来了动态管理的难度和要求。

3. 积极开拓校园文化建设的新载体

要充分发挥网络等新型媒体在校园文化建设中的重要作用，建设好融思想性、知识性、趣味性、服务性于一体的校园网站。不断拓展校园文化建设的渠道和空间，积极开展健康向上、丰富多彩的网络文化活动，牢牢把握网络文化建设主动权，使网络成为校园文化建设的新阵地。要充分发挥大学生社团在校园文化建设中的重要作用，大力扶持理论学习型社团，热情鼓励学术科技型社团，正确引导兴趣爱好型社团，积极倡导社会公益型社团。

四、创新性原则

（一）创新性原则的含义

创新性原则就是要求高职校园文化建设把握规律性，准确把握时代特征，积极适应形势的变化，从而在内容和形式上富于创造性地建设高职校园文化，增强高职校园文化的吸引力和感召力。创新是一个民族生存的灵魂，校园文化建设的生命力在于不断创新，因此，校园文化建设必须善于借鉴别人的长处，结合自身实际，与时俱进，创建有自身特色的校园文化。

（二）坚持创新性原则的措施

1. 增强创新意识，培养创新能力

创新是学校发展的灵魂和不竭动力，对注重职业技能培训的高职院校而言，创新显得更加重要。高职院校校园文化建设必须从自主创新着手，构建“人人思创新、人人出亮点”的创新型校园。学校要调动全校师生的创新热情，积极参加活动，以此增强广大师生的创新意识，塑造浓郁的创新型校园文化氛围，使学校和学生在创新的氛围中发展。

2. 处理好继承与创新关系

继承性是指有一定办学历史的高职院校在长期的办学实践中形成了自己的一些优良的文化传统，在校园文化建设中要继承和发扬，体现优秀文化的传承性；创新性是要结合新时期高职教育发展趋势，进一步探索高职校园文化建设上的规律性，结合高职院校自身发展特点，走出一条符合校情的路子。

任何学校都有一定程度的历史文化传承。一所学校历史文化的传承，和社会文化发展的规律一样，既要继承，又要发扬。因此，高职院校校园文化特色建设就是要在传承历史文化传统的同时，在新形势下加以发扬，赋予历史文化以新的内涵。让学校历史文化焕发新活力，产生新动力。继承和发扬相结合的校园文化特色，既有历史积淀的厚重性，又有生机勃发的时代性，更具砥砺和促进作用，是校园文化特色建设的最佳选择。

第五章　高职院校校园文化建设内容

第一节　高职院校校园精神文化的建设

高职院校校园精神文化是一所学校精神文化的本质体现。校园精神文化、风气对学校形象的树立、学生性格的形成、教师品位的提升十分重要。良好的校园精神文化可以让学生充满朝气，充满活力，让学校富于创新。高等职业院校起步较晚，但发展迅猛，需要积极创建具有中国特色的校园精神文化。

一、高职院校校园精神文化的内涵与特征

（一）高职校园精神文化内涵

高职校园精神文化是指学校在创建和发展过程中形成的、体现学校特色的、师生一致认同的思维模式、道德规范、行为习惯和价值观念的总和。校园文化是一种亚文化，它可以细分为物质文化、行为文化、制度文化和精神文化等四个层面，其中，精神文化是校园文化的内核，是物质文化、行为文化和制度文化的综合体现。高职校园精神文化虽然看不见、摸不着，但是它可以通过文化传播手段影响师生员工的行为和心理，让师生员工接受共同的思想引导、共同的意志磨炼和人格塑造，从而形成凝聚力和向心力，使学校师生员工都能够正确面对社会和学校现实，明辨是非，树立职业和创新精神，增强求知的自觉性和主动性，提

高学生的职业能力和职业素养，形成高职院校特有的行为准则、价值取向、生活习惯。

（二）高职校园精神文化的特征

1. 注重“以人为本”的教育理念

“以人为本”从教育角度讲，就是突出人的全面发展，提高人的道德素养、人格魅力和综合素质。教师作为学校教学的主体，在教育教学、学校管理和学生的各项活动中，都应结合经济社会发展的需要和当前高职院校学生的文化基础知识和个人素质情况，从学生的个性和身心发展规律等方面教育和引导学生。倾听学生的呼声，了解学生的想法，因材施教，增强教育教学、校园文化工作对学生的吸引力和亲和力，让学生主动学习和工作，热爱校园生活，自觉遵守规章制度，形成道德意识，从而促进学生的全面发展。

2. 注重学生职业素质教育

高职教育职业素质教育途径应结合受教育群体的实际和经济社会发展的需要，以全面提高学生的基本职业素质和职业能力为根本目的。随着素质教育理念与模式的创新、职业素质教育的全面推进，学生在第一课堂中获得知识、获取信息，提高知识技能涵养；在第二课堂中参与实践，提高职业素质和职业能力，从而具备良好的职业素养。高职院校必须充分利用第二课堂这个重要阵地，通过多种有效途径，引导学生最大限度地开发自身的潜能，促使他们全面协调发展。同时，我们还必须认识到，教会学生做人是职业素质教育的首要任务。

3. 注重“校企结合”培养模式

借助“校企结合”，将企业精神文化植入高职教育特色校园精神文化。通过“校企结合”建设高职校园精神文化主要包括三个方面：一是要吸纳优秀企业的核心价值观，即团队协作精神、客户至上的理念、平等对待员工的理念和激励与创新的理念等。二是研究学习企业精神文化。三是全方位实施“校企结合”，在实践中为高职校园精神文化注入生机与活力。从培养目标、课程体系到学生的专业素质、行为习惯等都要满足企业的要求。学校的管理包括教学管理、学生活动管理、人力资源管理、财务管理、后勤管理等都要向优秀企业学习，要与优秀的企业进行深层次的合作，形成良好的合作伙伴关系。

4. 注重学生的主体性、个性化教育

高职学生个性教育，就是尊重、引导和培养高职学生的个体需要、兴趣、智力、能力、气质、性格等基本品质，使之符合企业发展的需要。培养高职学生职业个性是高职教育的灵魂，没有符合职业需求的个性就不能实现高等职业教育的培养目标。

二、高职院校校园精神文化建设的思路

（一）准确把握高职院校发展定位，探索多元化人才培养模式

高等职业教育属于高等教育的一个类型。“高等”标明了其与中等职业学校的差别，即学校在人才培养定位上必须有高标准、高要求；“职业”标明了其与本科及研究生教育的区别，即学生的学习侧重点不在学术科研方面，而是重视学生职业实战技能的提高。所以，科学的发展定位、创新的人才培养模式是高职院校精神文化建设的首要问题。

1. 科学把握人才培养定位

高等职业院校一是要培养高等职业技术人才；二是要为区域经济建设服务。学校开设的专业和人才培养模式应紧紧围绕当地经济建设和产业发展的需要，一个地区高等职业院校人才培养水平在一定程度上决定、制约甚至引领了这个地区行业的发展。因此学校的办学定位必须为区域经济办学，培养现代服务业高素质高技能专门人才，适应产业需要，引领产业发展。

2. 探索多元化人才培养模式

根据高职院校人才培养定位，学校的人才培养应以企业、市场为依托，与政府相关部门、行业联盟（协会）等形成多元合作的人才培养机制，致力于服务当地第三产业，适应并引领现代服务业发展的人才培养

模式。

（1）项目教学模式

项目教学模式是将一些相互独立的、通过职业能力贯穿的项目构成一个组，这些项目为同一个培养目标服务，它们将教学计划中所有课程的理论与实践融为一体，使学生受学历教育的三年成为不断参与实际项目的三年。推行项目教学模式，能让学生积累一定的项目经验，成为企业所需人才，同时也使学生具有较扎实的理论知识功底，为其可持续发展提供保障。

（2）工学交替教学模式

在国家政策支持和学分制的支撑下，学校与企业共同开展工学交替教学运行方式并建立相应的教学管理制度，探索“滚动式”工学交替教学模式，即把全年工学交替教学实习学生分为若干个批次，每批学生实习周期为若干周，实现每批学生之间的无缝对接，保证企业正常运转和相应的人才支撑。“滚动式”工学交替教学模式能有效解决工学交替中学生实训结束后，相应岗位由谁代替的瓶颈问题，也可为学校带来最鲜活的行业信息，为专业建设指明方向，提供生动的实战案例。

（3）职业资格教学模式

职业资格教学模式就是专任教师具备行业从业或考评资格，并具有较长时间的从业经历，且在教学中能够适时参与行业实践。同时，行业专家或业务骨干能够以一种常态方式，参与专业改革、课程建设等，并承担一定的教学任务。因此，这是一种校企双向的、互动的教学模式，是一种全面的嵌入，可以实现校企共建专业、共建课程、共建课堂。

（4）订单培养教学模式

该模式就是学校在培养计划当中，从相关专业中选择一部分学生以企业冠名组班，在这个专门化方向培养过程中，其课程体系、教学计划，包括实习、实训的场所，都是根据订单企业的要求量身打造，且企业专家或业务骨干坚持定期到校授课。这种培养方式让学生能够一进冠名班就与企业零距离接触，既能缩短学生对企业的适应期，又能使学生更快掌握企业最需要的知识和技能。对于高职院校来说，冠名订单教育避免了遗忘教学的盲目性、封闭性和高成本，也提高了学校的就业率，而企业也可以通过这样的培养模式，根据自身的需要吸收优秀人才。

（5）实训基地共建模式

积极引进企业建设校内实训基地和校外实训基地，保证学生顶岗实习、实训的时间和质量。

（6）顶岗实习教学模式

顶岗实习教学模式就是与多家企业合作，由企业提供职位需求及选择标准，安排6～12个月的就业岗位实训。企业负责提供岗位实训计划，安排指导教师，按照企业标准进行考核，实习结束后，企业择优录用。

（二）多渠道塑造学生德育精神文化，全面提高学生的综合素质

1. 重视管理制度建设，确保德育精神文化活动的开展

学校的管理制度应突出两个字：一个是“严”字，一个是“实”字。一方面，要规范和完善管理制度，做到事事有制度，执行制度有力度，真正体现制度管人，制度育人，做到纪律严明、奖罚分明。另一方面，要坚持“以人为本”的育人理念，体现人文关怀，用制度塑造人，用机制发展人，用感情凝聚人，让广大师生在和谐的校园环境中生存和发展。

2. 探索高职院校德育模式，形成优秀的德育精神文化

高职院校的德育工作，应以学生个体为中心，倡导学生自主管理，培养学生自主意识和自主能力。在学生常规德育管理产生实效的基础上，学校应积极开展丰富多彩、格调高雅的“自我教育、自我管理、自我评价”的活动，让学生参与制度制定，参与管理过程，参与评定结果，使他们产生责任心和使命感，提高他们自我认识、自我教育、自我

管理的能力。同时，要扩大学生的社会实践活动，让广大学生通过暑期青年志愿者、工学交替等活动与社会接触，引导他们端正服务社会的态度，规范行为、树立价值观，形成优秀的高职学生德育精神文化。

3. 精心策划德育工作，开展具有高职特色的德育活动

精心策划德育工作，增加精神文化的含量，用优秀精神文化熏陶学生，感化学生，使学生形成崇高的理想、高尚的品质、儒雅的气质、独特的风格和追求卓越的个性。如：高职院校的校园报刊、文学社、读书会、记者团、校园新闻、校园文学、人文讲座、辩论赛、校园素质拓展、技能大赛、校园艺术节等活动的开展，能使学生产生成就感。

4. 狠抓学生德性养成与诚信教育，塑造高职学生高尚的人格

高职学生德性养成内容复杂，成分繁多，其内容有生活习性的养成、学习习惯的养成、人际习惯的养成，等等。如教室、宿舍是学生德性养成的重要场所，创建优秀的教室、宿舍精神文化，是高职校园精神文化建设的基础。诚信是德性养成的基本条件，在高职学生的诚信教育中，让学生明白在强化社会规则意识的今天，必须永远牢记诚信至上、诚信是金的理念。因此，学生的诚信教育必须天天讲，全方位地讲，从道德操守着眼，从一早一晚着手，这样才能塑造新世纪高职学生健康向上的人格。

5. 树立以“实”字为先的校风，形成优秀的高职院校精神文化

具有特色和优秀精神文化的高职院校中，从校长到师生的作风都应强调一个“实”字。校长应具有硬实的专业水平和业务能力，老实的科研态度，踏实的工作作风，扎实的工作精神，实心对待自己的员工，讲实话，办实事，说实理，迈实步，走实路，求实效，立实功；教师的行为应做到处世诚实、朴实，工作态度扎实、踏实，说话实在，工作实在；学生应踏实学习，诚信做人，实实在在地学习专业知识，掌握专业

技能，形成专业素养，强化专业能力。

（三）营造高职院校育人氛围，优化高职人才培养环境

高校校园精神文化环境在育人中发挥着春风化雨、润物无声的独特作用。

1. 加强基础设施建设，优化高职校园环境

校园人文环境是学校办学的基础条件，也是一所学校精神面貌的载体。高职校园必须尽量完善各项基础设施，打造具有精神文化氛围的高职院校环境，如楼与路的命名等都可以体现本校的精神风貌；对于高职院校来讲，校园环境还必须具有职业特色，学校应将在职业教育方面的历史、成绩等通过宣传栏、文化广场等途径展现出来，让学校的每一堵墙都会说话，让校园每一个角落时刻都能默默地发挥精神育人的作用。

2. 引入企业文化，创建浓郁的职业环境

作为高等职业技术学院，培养高素质技术技能人才是学校的主要任务，高等职业院校应以安全、健康、环保、真实的理念装饰布置各实训室：安全方面应设置各类安全警示和逃生指示标志，张贴安全生产的宣传图片、安全生产守则和突发事件处理办法示意图等，配备急救箱和消防设施，增强学生的安全意识；健康方面应将以人为本理念引入实训室的建设与装饰，强调人是生产力的第一要素、强调相关行业职业病的预防，设置通风设施，确保实训室内无空气污染等；环保方面应设置“三废”回收装置、注重环保节能，让学生树立环保意识；仿真实验应在校内实训中心建设与企业生产设备及工艺流程一致，同时融入企业文化元素，如选择一些企业常用的宣传标语，实训室地坪采用现代化工厂常用的分区方式，划分出生产区与安全区等，营造现代职场环境，培养学生的职业意识。

3. 重视职业技能大赛，营建良好的职业技能示范环境

高职院校必须经常组织各个专业的技能大赛，并邀请低年级的学生观摩学习，以高超的技能激发高职学生的学习和工作志向。

（四）高度重视隐性课程的作用，处理好它与显性课程的关系

显性课程是指在课程和教材中明确陈述正规教学内容和教育、教学目标的课程．它是学生学习的主要内容，也是学生获得科学知识的主要来源。因此，显性课程一直都受到校园师生的广泛关注，对它的开发利用已经比较深入。对于校园精神文化的发展而言，显性课程无疑能够通过对青年学生智能结构的完善和知识水平的提高来增强他们发现领略现存的校园精神文化，继而创造新的精神文化的能力。但是，校园精神文化是一种以隐性为主的文化，它主要隐含于校园环境、校园制度体系及校园人的思想行为之中。这与显性课程的内容及特点有较高的一致性，而且，隐性课程观念层面的主要内容，如校风、学风、教学观念、教学思想等，本身就属于校园精神文化的内容。因此，高度重视隐性课程的作用，加强对隐性课程的学习，以校园精神文化的发展具有重要的意义。隐性课程传播的主要是非学术性知识，包括价值观、教育观等内容，通过行为层面中学生间的交往、师生间关系的优化，能够有效促成稳定的校园价值体系和教育观念的形成，而且在它的长期熏陶感染下，极易形成良好的精神氛围和体现校园凝聚力的群体心态。在校园精神文化的发展中，对显性课程的教育影响显然有着积极的补充和促进作用。随着素质教育与教育改革的逐步推进，对精神文化为核心的校园文化有了更大的发展要求，但同时我们也应看到，即使在世界范围内，在高等教育发展水平较高的国家中，对显性课程的教学仍将是当前乃至今后相当长一段时期内高职院校教育的主要内容。因此，我们既要高度重视隐性课程的作用，也不能就此放松对显性课程的学习，而应尽力处理好两种课程的关系，在设计和编制课程，确定教学目标和考核标准时，充分考虑到两种课程的因素，尽可能使隐性课程与显性课程在价值取向总趋势上相一致。在这两种课程的综合作用下，校园师生既能充实提高发展校园精神文化所必需的知识和能力，又因此处于一个有利于校园精神文

化发展的环境氛围中，这为他们弘扬、创新校园精神文化提供了极大的可能。

总之，发展校园精神文化，要在充分了解其内涵的基础上，高度重视其作用与功能，并针对新的时代特征，采取一系列扎实稳健的发展策略。只有保证这种在校园文化中居于主导地位的精神文化的健康持续发展，才能带动校园文化其他层面的发展，最终实现校园文化的全面发展。

（五）结合时代特征，不断赋予其新的色彩

一种精神得以永恒，不仅在于它的精髓与内涵超越了时空，更在于它在时代的变更中能不断地被赋予新色彩，这才是其生命力强大之所在。校园精神要永恒，校园精神文化要在新的时代条件下发展，就必须在保持固有传统精神的前提下，不断赋予其新的色彩，使其不断汲取时代精神的精华，以适应社会的发展，满足精神文化的发展要求。因此，在新的时代特征影响下，校园精神文化应充分反映出务实的作风、建设的态度、创新的追求和奉献的境界。

校园精神文化对于大学生思想、精神、观念、意识的培养和熏陶，其根本目的还在于育人。在社会科技迅猛发展的21世纪，要实现社会主义现代化的目标，必须努力培养高素质的现代人才。具体而言，是要着眼于改革开放、建立和完善社会主义市场经济，培养具有开拓进取、改革创新精神的人才；着眼于社会主义精神文明建设的要求，培养具有优良道德品格的人才；着眼于世界经济发展和科学进步的特征，培养具有竞争与合作意识的人才；着眼于社会民主和法治建设的现状，培养具有民主意识和法制观念的人才；着眼于知识的伟大作用和信息时代生活节奏加快的趋势，培养具有科学文化知识和时效意识的人才。校园精神文化也只有拿出革新的勇气和决心，以一种“常为新”的科学态度，着眼于新的时代特征，使这些先进的思想观念尽快融入校园精神当中，成为它们生长发育的“温床”，并以其强大的辐射功能，产生良好的社会

效应，才能充分体现其存在的价值和意义才能使不断更新中的校园精神文化永葆青春和活力。

第二节　高职院校校园制度文化的建设

校园制度文化主要是指受学校内部运转的需要而在长期的自身发展过程中形成和发展起来的校园人的行为准则、道德规范、群体意识、生活习惯等。

校园制度文化的实质是反映学校的调控的程度、监控的原则、管理的张力。

高职院校是社会的组成部分，任何组织必须有自己一套完整的管理制度来维护它自身的利益，学校也是如此。为了学校的发展，必须建立健全一套完整的科学可行的规章制度，来保证学校的教学、科研、生活及其他方面正常运转。

高职院校校园制度主要是各高职院校在长期的办学体验中，由管理部门在严格按照国家有关法律法规、方针政策和地方政府与教育部门相关规定的基础上，通过总结高职院校自身发展的宝贵经验或借鉴其他高职院校校园制度的先进、合理成分，因地制宜地建立的，以约束、规范、引导、保护校园师生员工行为与利益，维护高职院校正常的学习、生活、工作秩序为目的，符合高职院校发展实际的，由一系列实用有效的规章制度构成的相对完整体系。校园制度文化就是一种以校园制度体系为依托所形成的反映高职院校组织形式、管理模式以及校园人的追求理念等深层内容的文化。因此一般来说，高职院校校园制度的思想水准和完善程度决定并体现着校园制度文化发展水平的高低。

当前各类高职院校的校园制度很多，就其内容而言，主要有组织管理制度、教学管理制度、人事管理制度、生活行为管理制度等几个方面。

校园内的各种制度，是学校组织的管理活动行使职能的依据。只有按制度办事，校园内的一切学习、工作、生活才能杂而不乱，井然有序。制度作为一种外加的行为规范，既然制定出来，就必须贯彻执行，因为制度本身就带有强制、强化、统一步调的硬性规定。

第一，强制性的作用。校园制度的强制性要求校园人无一例外遵循制度的规定，否则就会受到相应规定的严肃处理。这种强制性不仅维护了学校正常的教学、工作、生活秩序，而且有利于广大青年学生在制度的约束下培养良好的习惯并树立良好的价值标准和高尚的道德观念，也确立了校园制度的应有地位，使校园制度得以维持和发展。

第二，强化性的作用。校园制度能够强化校园群体价值观，而且什么样的制度强化什么样的价值观。例如，评选星级达标寝室制度，将强化集体主义价值观；勤工俭学制度，将强化学生的劳动观念和按劳分配的价值观等。

第三，步调一致的作用。校园制度的存在旨在把学校内部的各个层次、各个部门、各个方面、各种力量组织起来协调统一、步调一致，使学校工作有章可循、有条不紊，从而实现最佳的工作效益。建立和谐统一的制度体系，能鼓励与校园文化相一致的思想行为，抑制与校园文化相背离的思想行为，使学校倡导的积极向上的价值观成为可见、可感的现实性因素，发挥心理强化的作用。

高职院校校园的各项制度，贯穿于学校生活的所有领域，规定和制约着学校基本结构的性质。它是影响学校运行的最重要的机制，使得校园各级组织的工作、生活、活动有了可靠的依据，保证教学及其他各种实践活动的顺利开展。因此，校园制度文化在整个校园文化的发展中非常重要。

一、建立和完善新制度体系

社会的发展，使校园人同社会的关系愈加密切，活动领域不断扩大，校园规范的制度内容不断增加，校园制度的种类、数量日益丰富。随着事物的发展变化，人们对事物的认识也会不断发展。作为规章制度本身，随着时间的推移和客观环境的改变，出现一些与实际状况不相适应的现象是必然的，也是正常的。但作为校园制度的制定者而言，应当勇于对一些不符合历史发展趋势、对学校发展起阻碍作用的校园制度进行改革、抛弃和修订，应当积极对一些不适用的内容进行删改，对一些不全面、不完善的内容进行补充。制度不能凝固和僵化，要有弹性和活力。随着客观事物的变化，在制度文化发展中，应当破旧立新，建立与时俱进的规章制度：内容要具体明确，切忌抽象含糊；条文要简明扼要，切忌繁杂冗赘；要把握分寸，做到无歧义，避免模棱两可和可能出现的偏差；逻辑要严密、融洽、统一，不可自相矛盾。因而，校园制度在制定上应当按照这些要求，真正有力地帮助校园师生充分发挥创造性，实现他们自身的完善与发展，起到制度应有的积极作用。随着社会观念更新速度的加快，校园人需要迅速增强调整思维的能力，在这种形势下，校园制度制定者们更应当准确把握好时代发展的脉搏，抓住发展的历史机遇，以一种“敢为天下先”的大无畏精神，及时果断地对旧的校园制度进行大刀阔斧的改革，建立和完善一套适合高职院校发展的新的校园制度体系，为校园制度文化的发展提供必要的前提和基础，切实做到“有章可循”。

二、校园制度文化建设要实现原则性与人性化的统一

高职院校校园制度体系主要再现学校内部的各种章法，使校园主体行为及各项工作有“法”可依，因而它具有一定的稳定性，不能“朝令夕改”。由于校园制度的制定、监督和执行都是广大的校园人，因此，在校园制度文化建设中要力争实现原则性与人性化的统一。校园制度体现的是校园人的意志和利益，对校园人起一种保护作用，对于一项完善的制度体系而言，任何超出制度范围的活动，任何凌驾于制度之上的行

为，都是以损害其他校园人的正当利益为前提的，因而必然要受到相应的制裁。所以制度一旦确定实施，所有校园人就应当严格履行其条文，按章办事，不得随随便便更改。但是，校园制度的制定也好，校园制度的监督和执行也好，都是“人”在实行的，都是维护校园人的利益的，因而它也必然表现出一种人性的特征。在校园制度制定时，除了要坚持从群众中来到群众中去的原则，广泛征求群众意见，全面代表师生员工的共同利益之外，还要全面细致地区别对待各种不同的情况，适当预留一定的弹性空间，不能搞“一刀切”。在校园制度执行中，除了对一些严重违反校园制度和涉及原则的事件毫不姑息迁就地处理外，对一些小的错误行为，要突出人文管理的时代特征，讲究策略，妥善解决。因为校园制度是以维护校园秩序，维护校园师生的根本利益和教育大家为出发点的，其目的在于规范校园人的行为。只有做到这一点，校园人才会自觉拥护和遵守校园制度，减少抵触情绪，更大地发挥校园制度的积极作用。而且，未来的校园制度将越来越强调以人为本的原则，突出人文管理的思想。因此，在校园制度文化建设中，力争实现原则性和人性化的高度统一，也是新时代校园制度文化发展的必然要求和重要手段。

三、校园制度应当体现政策性和科学性的巧妙结合

一项制度有没有权威性，能不能为广大群众认可遵守，不仅在于制度要合乎民情、顺乎民意，关键还要使制度合理合法。学校制度要以社会的秩序、国家的法律法规为依据来制定。在制定学校制度时应当从国情出发，从校情出发，讲究政策性、科学性，符合教育规范，体现学校集体的意志、传统和风格。应当遵循高职院校办学的规律和管理活动的客观实际，遵从管理科学和教育科学的基本原理。校园制度是政策性与科学性相结合的产物，它要便于校园师生的实际操作，满足校园内部的需要，做到合情、合理、合法，成为校园人拥护、执行的行为准则，使校园制度文化得到进一步的完善与发展。

四、校园制度既要突出严肃性，又要具有民主性

建立规章制度要走群众路线，切忌草率行事。校园制度是校园人学习、工作、生活、娱乐等共同的客观要求，既然是大家的事情，就要广开言路，共同参与、共同商讨制定。只有集中广大群众的智慧和经验，得到他们的理解和支持，制度的执行才能成为一种自觉的行为，才能保证制度的合理性和可行性。制度一经公布，就必须执行，做到有章必依、违章必究，做到令行禁止、赏罚分明、秉公办事、不徇私情。虽然我们可以而且应该根据现实需要或客观实际的变化对现有的校园制度进行修改、修订或废弃更新，但我们也应力争保持制度的连续性和稳定性，不能过于频繁地改动，更不能因学校领导的变更而盲目变更。校园规章制度是校园内部的“法规”，要发挥其效能作用，就必须维护它的严肃性，同时，它也是校园人民民主参与创造的产物，其约束、保护的对象和执行的主体也是校园群体，这就必然要求维护校园制度建设的民主性。因此，要发挥制度的威力，增强师生员工执行校园制度的自觉性和积极性，推动校园制度文化的发展，就应该使校园制度既突出严肃性，又具有民主性，并实现二者的协调统一。

五、在加强制度管理的同时，积极推进道德建设

发展校园制度文化，当然要加强制度管理，但在新的时代条件下，我们也不可忽视道德建设的作用。特别是在国家大力倡导“把依法治国与以德治国相结合”的今天，我们更应当重视道德这种无形制度的作用。当然，道德要发挥作用，离不开制度等外在形式的规范和约束，只有完善的制度体系才能确保道德体系的一贯性和道德建设的有效性。因此，道德约束机制的建立是道德建设的关键所在，而完善的制度体系，既是道德社会调控机制形成的要求，也是道德保障机制建设的关键。在当代高职院校校园内，校园制度既是上升为所有校园人意志的道德，同

时它也是高职院校里最低限度的道德，二者具有同质性。道德是自觉的校园制度，它为制度的发展提供了思想基础；校园制度是强制的道德，它为道德建设提供了强有力的制度支持。所以，制度和道德既有统一性，又有同一性。发展校园制度文化，实现加强制度管理和推进道德建设的统一是一项重要策略。而且，实践证明，将道德完全融入校园制度之中所形成的制度道德性，比单纯的道德要求对人所表现的个人道德性更为普遍。对于校园制度文化的发展而言，增强制度的道德性远比增强校园个人的道德性实在、有效、持久。这是因为人是在制度中生活的，社会制度对个人来讲是一种先在的，一种必然性。每个人首先为社会所规定，然后才能去规定社会。如果制度结构不合理，制度本身就不道德，那么，一方面，要求个人做出道德行为就是不道德的；另一方面，个人即使做到了道德，也起不到多大的社会作用，只能独善其身。反之，如果一个社会制度本身设计合理，符合道德的精神，一方面，它有权要求个体做出道德的行为；另一方面，它也有助于个体做出道德的行为，并能对不道德的行为进行有效的控制。从这个意义上讲，制度的道德性是个体道德性的基础和前提，增强校园制度的道德性，是校园制度文化发展的有效途径。

第三节　高职院校校园物质文化的建设

高职院校校园物质文化对学校的教育工作及师生员工学习、生活都可带来不可忽视的影响作用。既然如此重要，首先要弄清什么是校园物质文化，校园物质文化有什么影响作用，如何建设校园物质文化，这些都是当前高职院校校园文化建设的重要任务和应当思考的内容，可以从这三个方面来理解。

一、什么是校园物质文化

校园物质文化是学校内物质范围的文化层，它涵盖教学、科研、生活、环境、设施等方面的物质构件，同时赋予它文化内涵，是校园文化的物质基础。应当说，物质本身并不是文化，而这些物质的文化蕴涵在于，这些物质都是由人创造的，是人们的精神世界的对象化的物化，任何人造物上都蕴含着人们的某些思想、情感等精神内容。当我们进入某一所高职院校时会感到那所高职院校的物质文化的氛围。为什么产生这种感觉，因为校园内的各种建筑、花木、草坪、园林、亭子、雕塑等等，都是物化了的作品，不是陈设的某一件自然现象，而是再现了一个学校的历史、学校精神、学校思想及时代风采，把物质的东西赋予了人的精神世界，赋予了学校的传统、校风、校园人的理想和追求。

二、校园物质文化的作用

从学生刚刚进入大学到走完大学生活历程，他们在学校生活的整个过程中无不受到学校物质文化的影响，他们的思想观念、行为习惯、获得的知识及工作能力等内容都要在校园物质文化中得到熏染，校园文化会对他们产生强烈的影响和作用。

（一）感染作用

校园物质文化，不是通过硬性的规定和强制性的措施来约束管理，叫他们应该怎么样，不应该怎么样，而是通过校园物质文化陶冶师生员工，使其自觉地被物质文化的氛围所吸引、所净化。优美的环境可以净化人的心灵，陶冶情操。优秀的校园物质文化不光是陶冶情操，更重要的是塑造大学生们的美好心灵。校园物质环境至关重要，校园的建筑、雕塑、装饰及明亮整齐的教室，一切都整齐有序，到处都充满文化氛围，师生员工在这样优美的校园环境里，没有烦恼、忧愁、苦闷、彷徨，它每时每刻都能给人以情感上的抚慰。还可减轻心理上的压力，学习紧张之时可以到校园轻轻漫步，草坪上躺躺，潺潺流水的溪边坐坐，享受鸟语花香。在这种环境里，紧张烦闷的不良情绪得到化解，使人获得精神上的愉悦和心理上的平衡。

（二）激化作用

学生的学习、生活主要处在校园物质文化环境中，它们随时随地会给人无形力量，催人奋进，开拓进取，积极向上。优秀的有特色的高职校园物质文化，所折射出的学校传统、思想、精神等，能培植出师生员工的内心信念和奋发向上的热情，能促进其产生一种归属感、自豪感和学校的凝聚力。环境有重要的影响，环境的改善有重要的意义。学校隐性文化建设更有其特殊的意义。显然，人在环境中并非完全被动的，不能说有什么样的环境必然就有什么样的人，甚至还可以说，环境，尤其是观念环境、文化环境还是为人所决定的，然而，毕竟当人对环境（或其某些因素）产生好感，产生从众感、认同感的时候，环境的影响是特别大的，或者在环境（或其局部）具有特别大的诱惑力的时候，影响也就特别大。这种分析也告诉我们应朝什么方向去建设学校隐性文化。校园物质文化环境会以潜移默化的方式熏陶大学生，从而对学校产生感情和热爱，进而升华为对国家、对民族的情感和认同，从而激发起高尚的爱国精神，并对学生世界观、人生观、价值观的形成起到促进作用。

（三）导向作用

校园物质文化可谓是一种无声的教育导向，它是以特有的象征符号向人们潜在地灌输着某种思想、规范和价值标准。当学生进入学校踏入图书馆前宽阔的台阶就给人步入学术殿堂的感觉，一走进图书馆大厅，那种宁静与庄严会使人在知识和真理面前更为虔诚，当你长年累月与图书馆打交道之后，对它的外貌你也许只有模糊的记忆了，可是它给你的感受、它的精神则可能永存于你的记忆之中。当你漫步在校园林荫道上看到一尊尊塑像时，你会感受到孔子伦理思想之崇高、屈原爱国精神之伟大、爱因斯坦科学观念之可敬，就会使人深切地感受到他们的伟大之处，自觉地受到他们的伟大形象的启迪，从而产生强烈的责任感和爱国精神，对其有一种无形的启发教育作用。在优美的校园物质文化环境中，你会被这种环境吸引，连那雪白的墙壁都似乎在告诉你，不要破坏优美的环境。学校的报刊、广播、宣传橱窗、幻灯、闭路电视、黑板报、标语、墙报等传播媒介，无不对师生员工产生导向作用。因此，建设得无比优美的校园对形成良好的校风、人际关系、学校精神都会产生强烈的凝聚力和明确的导向作用。

(四) 舒心作用

良好的校园物质文化环境，其作用非同小可，能使学生在学校学习、生活过程中得到舒适、安心、愉悦的心理感受。绿树成荫的校园干道，曲径通幽的绿色长廊，绿茵茵的草坪广场，争奇斗艳的四季花香，不仅使人得到美的享受，促进文明习惯的养成，而且可以感受到大自然的勃勃生机，缓解紧张学习的压力，促进良好心理状态的养成。优美的校园物质文化环境，没有污染、没有噪声，校园的清新空气促进人的身体健康，消除内心抑郁、烦恼，消除痛苦。在这优美的环境中，也可以改善学生的学习、工作、生活环境，使你心情舒畅，没有紧张，没有抑郁，生活在充满温暖、友爱的氛围之中。

三、如何建设校园物质文化

校园物质文化建设是一项重要任务，它涉及学校的各个方面，关系到学校每个师生员工的直接利益。在创建校园物质文化工作中，既要发挥教育者的积极性，又要发挥受教育者的积极性，动员和组织各方面的力量，从以下几个方面去努力。

(一) 营造优美的校园环境

校园的优美是人性化发展的结果。人总是按照自己的认识水平、价值标准、审美尺度来选择和营造自己的环境。环境是由人来改变的，而教育者本人一定是受教育的。因此，这种学说一定把社会分成两部分，其中一部分凌驾于社会之上。环境的改变和人的活动或自我改变的一致，只能被看作是并合理地理解为革命的实践。校园环境的创造是人的愿望体现，为实现高等教育目标在创建校园物质文化过程中，建造者必须考虑文化环境。

1. 重视地理位置的选择

如果把一所大学校址选在交通不便、信息不通、环境恶劣的地方，不但没有人欣赏，还会导致教职员工流失、招生困难，影响学校发展。我国古代的书院依山傍水，选在山林僻静处。孔子讲学是在山东曲阜孔庙内的杏坛，白鹿洞书院是在江西庐山，岳麓书院是在湖南长沙等就是如此。优美的校园环境，它可以更好地再现一所学校的文化氛围。生活在无比优美的校园环境中师生得到美的享受，所以选择校园校址至关重要，它是校园环境诸多因素中的重要因素。

2. 校园建筑要协调发展

校园内部的规划要统一安排，长远设想，不能随意化。要讲科学规划，要遵循学校自身的规律，要有自身的风格和品位，不能有人为导致的想怎么建就怎么建的不协调的建筑物，在实用上，要与师生学习、生活紧密地联系起来。教学与实验需要安静的环境，在规划、安排营造时要考虑到“静”的审美情调。生活要方便就要考虑商店、食堂、浴室、开水房等，给师生带来便利。教学与生活的地方要相对集中并保持适当的距离，不能互相干扰，更不能带来师生员工学习、生活不方便。校园内干道修建不能不考虑它的重要性，必须考虑人流量的畅通无阻，避免嘈杂和危险的境况发生，避免对师生心理上造成不良影响。

3. 建筑与绿化要讲究和谐

没有花草树木的校园不称其为校园，校内建筑物没有绿化来衬托显得单调，没有氛围。给建筑的造型增加色彩，要培植和丰富建筑的外形。校园绿化能增加建筑造型的比例、和谐、对称、均衡的外观美，这种美能给校园人以亲切感并带来思想和感情上的充实。如校园里古雅的建筑物，佐以宁静的池水，栽上常青的松柏树，树中再点上几块石头，简直使你有一番山林野趣之感。华中科技大学校园“树海掇英”“夏雨飞烟”，走进校园似乎处在一个绿色天然礼堂，散发着迷人的魅力；武汉大学校园内四季飘香，樱花、桃花、荷花、梅花相继盛开，鲜花满园绿叶成荫，加之古朴典雅的建筑风格，是读书做学问的好地方。建筑与绿化相协调的园林氛围，给校园人以美的享受，增强他们的青春活力，成为他们工作、学习、生活的乐园，实现人与环境的和谐统一。

（二）设置寓情、寓教富有感染力的校园景观

校园物质文化对大学生修身养性发挥着不可估量的重要作用，特别是校园内设置的各种景点对提高大学生的修养、陶冶情操、净化心灵有着重要的直接影响。要把校园景观、寓情、寓教结合起来，让学生受到感染，从而激发爱校、爱国之情，在学生科学的世界观、人生观形成过程中起促进作用。

1. 精心设计，巧建校园大门

一所高职院校的大门是学校的门户，在学校占有非常重要的地位。它给校园内外人的印象是直接的，也是很重要的，它是校园物质文化的重要标志。每当毕业生离校时总是来到学校大门前成群结队地拍照合影，他们带着合影照片奔赴祖国各地，随时随地忆往昔岁月峥嵘，会感慨万千，回首当年学子生涯，无不受到启发和教育；校园外游客也常走到大学校门前仰慕高等学府。校园大门是校园文化重要特征的体现，在校学生进进出出无不受到学校大门的文化内涵的影响。设计校园大门，要参考古今中外名校的大门，设计出有特色有个性，别人一看大门就知道是某某大学的校门，如厦门大学新校门取自于中国的石坊，并加以提炼、夸张、简化和创新，大门以石材饰面并刻凿浅浮雕，隐喻古今文化与科技的发展，这就显示了厦门大学与其他学校不一样的地方。过去我国高职院校校门设计是比较单一的，基本上是旧牌楼式演变而来，形式大同小异，没有构思不同和形态各异的区别，没有特色。随着市场经济的发展，各高职院校要重新审视自己的门面，如果自己的校园大门没有个性、没有特色，那就要推倒重新建造，来体现自己的门户，让新大门来展现学校物质文化中的群体心态。

2. 设置寓意、寓教的校园景观

校园景点和雕塑是师生观赏、休闲所需求的，具有纪念、象征、标志等意义，既为校园充实美化改善工作环境，又提供了生活条件。作为高等学校应该重视建造校园文化景观。

第一，花气力抓好校园景点、雕塑的建设，培养师生员工的高尚审美品质。通过立雕塑、设景点来纪念某一人物、某一事件，来教育师生员工。南开大学校园有一座纪念碑，碑上刻着周恩来总理“我是爱南开的”手书；中山大学为了怀念孙中山先生，校园内建了中山纪念馆和雕像；清华大学为了纪念曾在该校学习和任教并担任过校领导的著名史学家、教育家和社会活动家吴晗，为他兴建了一座纪念亭，以表永久怀念。这些雕塑和景点具有明确的纪念意义，令人流连忘返. 具有感染、熏陶、育人的价值。

第二，把建造校园景点和雕塑作为生动教材，教育和启发师生员工。设置景点和雕塑的目的不光是为观赏，更重要的是挖掘其文化内涵。如西安医科大学修建的“方圆”雕塑，上部为圆球，寓意“思考周全”，下部为方形石条，寓意“为人方正”，意化于形，文化内涵深刻；深圳大学校园广场竖立的中国古代巨型日晷雕塑，刻以仿青铜古篆十二时辰，白色大理石盘面，中间竖起三根不锈钢管合成的指针，取名为“时光”，花岗岩基座后面刻有“如学须刚与恒，无一事而不学，不一时而不学，无一处而不学”的古训，这些名言警句，把雕塑、景点的主题思想明确地突显出来，是教育师生员工的生动教材。

第三，把建造校园景点和雕塑作为育人的基地，发挥校园景点、雕塑在校园物质文化中的潜在作用和影响作用。根据学校历史传统、学校培养目标和未来发展规划，建造雕塑纪念碑、亭廊、历史名人塑像，绘壁画，广植历代诗人、画家、作家赞赏歌颂的人格化的具有象征意义的花草树木，像松之挺拔、兰之幽香、竹之虚心、菊之傲霜、莲之“出淤泥而不染”等与人们高洁持重、虚怀若谷、坚贞不屈等精神品质相吻合。师生员工与这些景点和雕塑朝夕相伴，无不受到美的感受，增加学习热情和生活情趣。瞻仰北京印刷学院的毕昇塑像，河北医科大学的扁鹊塑像，师生不禁要赞叹中华民族的智慧；走近中央音乐学院的聂耳塑像，耳边似乎响起雄壮的国歌声；来到首都师范大学的红烛园和育园，学生为教师“燃烧自我、照亮别人”育人精神所打动。这就是校园景色和雕塑潜在的作用。要充分发挥景点和雕塑作为育人基地作用，学校要组织广大师生员工、共青团、学生会对校园景点、雕塑文化内涵的了解，并进行思想教育和革命传统教育，激发学生刻苦求知、奋发向上的精神，给师生以潜移默化的影响。

（三）建造现代化的馆厅设施

校园物质文化建设的重要一环就是图书馆建设。图书馆不仅是学生课外获取知识、提高能力的重要场所之一，也是衡量国家教育事业和学校教学科研水平高低的重要标志之一。美国哈佛大学图书馆馆长布克曾说：“没有一个高质量的图书馆，就不会有高质量的教育”。图书馆是校园物质文化的重要体现，是精神文化传播基地。高职院校的图书馆、阅览厅、藏书室、演讲厅都需要高标准建设，发挥其重要作用。校园凭借这些文化设施去传播文化信息，与中外高职院校及中外学者进行交流沟通，让学校“心脏”正常地跳动起来，为师生员工服务，为社会主义现代化、为科技服务。从某一方面来讲，图书馆就是老师。学校图书馆的建设是校园物质文化建设的最重要部分，也是学校文献情报的中心，如果学校没有这个中心或者中心建设不好将意味着什么，可想而知。所以高职院校领导者、教育者，都要重视建造大学校园馆厅设施这项工作。

1. 强化领导和教职工对建造馆厅重要性的认识

图书馆是传播真理、思想、知识的基地。中外各种信息大多是通过图书馆来联结的，各种新思想，世界新变化，都会收集在图书馆里。图书馆是学生学习最常去的地方，图书馆是学生最好最渊博的老师。学生在课堂上听不懂的或吃不饱的、消化不了的问题，可到图书馆得到弥补和消化。所以说图书馆是培养社会主义建设者和接班人的基地，对我国社会主义物质文明建设和精神文明建设起到不可忽视的重要作用。

图书为学校教学、科研提供保障。在人类社会发展的过程中，科学技术突飞猛进，高职院校教师就要不断学习，扩充新知识，重新调整智能结构，跟上知识发展剧增的步伐。根据科学家的推算，人类科技知识在20世纪中叶每10年增加一倍，70年代后就每5年增加一倍，时至今日，增加得更快。知识成倍增长，不断推陈出新，但人的生命和接受高等教育的时间却是有限的。教学工作要不断地吸收新成果，才能提高教学质量，科研工作要不断吸收新信息才能有所创新。面对如此问题，只有图书馆才能帮助你解决。哥廷根大学从1737年创办到18世纪末，其图书馆藏书的数量及质量有口皆碑，由于收藏广博，组织管理得当和有利用藏书的自由，成为当时欧洲最好的图书馆，歌德、莱辛、赫德尔都曾利用过哥廷根的藏书。甚至有人将哥廷根教授们的学术成就归功于大学图书馆。大学教师要想完成自己的工作任务，只有靠图书馆来帮忙。它可以提供与教学、科研相关的文献资料，满足教学科研工作的需求。图书馆是储存图书、资料、信息的重地。世界上古今中外图书、情报、信息浩如烟海，任何一个人或一个单位都不可能全部拥有。当你需要它时，只有去图书馆才能查到你所需要的资料和信息。一所学校没有图书馆，就等于一个人没有脑袋一样，可以想象其所处之重要。建造好图书馆是师生员工学习、生活、工作的需要，是高职院校求生存、谋发展的需要。

2. 建造一个高质量的图书馆

图书馆质量的高低关键看它是否充分发挥了主要职能，而其职能的发挥程度则主要取决于图书馆的环境设施及其对校园师生的吸引力。高质量的图书馆，应当是校园中最安静、最优美的地方，是校园中最有吸引力的地方。

安静是高质量图书馆必须具备的首要条件。只有处于一个安静的环境中，校园师生才能沉下心去更专注、更投入地进行知识学习与理论研究，才能提高阅读效率。安静的环境除了采用严格的制度规范和管理外，在最初的建造过程中就应考虑到这一点，在选址上远离嘈杂的生活区，在建造时选用一些隔音性能较好的建筑材料，还可以在其周围广植树木，既美化环境，也除尘消音。

图书馆的全部职能最终要通过读者工作来体现，因此，追求图书馆的高质量，必须提高读者的满意度，增强图书馆的吸引力，招揽尽可能多的“顾客”。而吸引力的大小，除了受建筑上的外观造型、内部结构及周边环境的影响外，还与图书馆的馆内设施和藏书建设密切相关。高质量的校园图书馆建设不仅要提供必备的桌椅及防寒防暑设备，更要在图书的采购、更新、分编等工作中提供方便，想读者之所想，千方百计满足读者需要，为读者提供优质的服务。因此，在高质量图书馆的建造中，我们必须具体抓好以下几项工作。

其一，学校加大资金投入，建造规模相当的图书馆。图书馆的外观、造型要有特色，要气势恢宏、庄重雄伟、轴线对称、外观气派，让外来者一看就感觉是某某学府图书馆。建造高质量的图书馆，对内是学校师生员工文化活动中心，为教师、学生学习、研究服务，对外可以成为交流、互通信息的重要窗口。

其二，建立现代化的图书馆管理系统。以电子计算机为依托的信息革命和网络技术对图书馆的生存与发展产生了巨大的影响。从世界近10年的发展来看，信息革命、网络技术继100多年的产业革命之后正极大地影响人类社会的每一个方面，改变着人们固有的思维、生活、工作、生存、学习、研究、教育等方式、方法。高职院校图书馆作为人类社会信息中心，无可置疑地将受到冲击。建立常用的书目数据库，存储描述像目录、题录、文摘等书目检索，其作用是为教职工指出获取原始信息的线索；建立指南数据库，存储描述关于机构、人物、产品、活动等对象，主要通过名称进行检索，其作用是指引教职工、学生从其他有关信息源获取更详细的信息；建立全文数据库，存储原始文献全文或主要部分，如中国学术期刊全文检索数据库、专利全文数据库、百科全书全文数据库等。这些数据库的建立为学校师生员工、教学、科研、工作、学习提供丰富的图书、信息、资料。数据库的建立提高了图书馆的服务质量。图书馆要建立网络化的管理手段，帮助师生寻找适合自己使用的信息资源和提供更多的获取信息的便捷渠道。教师、学生、职工在家中、办公室、教室、实验室通过电子计算机的终端就可以检索、下载或复制网上用户所需要的信息资料。网络化不论在速度上还是在准确率和查全率上都具有传统图书馆无可比拟的优势。它不受时空的限制，是无墙的、开放的图书馆。网络化延伸到国内其他大学的图书馆、国家文献中心，师生可以通过校园网络找到以上数据库，能及时了解所需文献的准确收藏地，然后可以通过文献传递方式或者馆际互借方式获取文献，实现资源共享，来弥补馆藏图书、资料的不足。

其三，抓好藏书建设。藏书建设是图书馆的首要工作，高职院校领导者要重视拿出具体计划，根据自身发展规模每年要有规划，加强藏书建设。在经费有限的情况下，尽力采购实用、有价值、急需的图书资料。图书馆采购人员要深入教学、科研前线，从实际出发，主动了解教学、科研人员教学科研动态，课程设置及科研课题，经常与科研人员和教师、学生座谈，及时掌握他们的需求状况，适时调整采购工作方向，并把采购工作做到有的放矢，从而克服采购工作与教学科研相脱节的状况，变滞后服务为超前服务，努力做到采购高品位、高质量、高利用率的精品图书。

第四节　高职院校校园文化活动的建设

校园文化贯穿于校园师生日常的学习、工作和生活之中并通过他们的这些行为表现出来。在当代高职院校广泛开展的各种校园文化活动，既是校园人日常行为的重要内容，也是校园文化的突出表现形式，还是校园文化建设的重要载体。发展校园文化，必须积极开展各种健康的校园文化活动。

在现实生活中，许多人常常把校园文化活动等同于校园文化，这个片面的理解从另一个角度说明，校园文化活动在校园文化中具有独特的地位和作用。校园文化活动是一种融知识与娱乐于一体的活动，通过这些活动，校园师生能了解到最新的学术动态、最新的科研成果、最新的信息内容，能开阔视野、启发思想、增长知识、陶冶情操、提高修养、颐养身心，还能够培养新观念、培养实践能力，拓宽和深化教学内容。因而，校园文化活动是学校教育的重要组成部分，是课内文化知识教育的重要补充。

我国高职院校教育的根本目的在于培养社会主义建设人才。培养符合社会需求的现代化高素质人才，仅仅依靠学习和掌握科学技术知识是不够的，它还需要精神，需要美德。而这些，在大学校园，往往是通过开展多层次、多渠道、全方位的校园文化活动来实现的。在各种校园文化活动中，校际联系不断增强，信息交流不断加速，学生的知识结构不断完善，创新精神和健康心态逐步培养，个性、能力、才华和综合素质不断展现、提高。校园文化活动能培养人的健康情感，使人的感性与理性完美结合；能够增强人们对美的追求和生活的信心，不断提高、完善他们的审美修养，培养全面发展的人才；能够活跃人的思维，开发人的形象思维能力，增强人的想象力，有利于使青年大学生成为开拓型、创造型人才。因此，校园文化活动在大学教育中的育人作用也是十分显著的。

校园文化活动，是一个复杂的系统。在开展校园文化活动时，如果不讲究一定的策略，完全凭一时的冲动和兴趣，就难以取得应有的效果，无法推动校园文化活动向纵深发展。一般而言，开展校园文化活动，应着重注意以下几个方面。

一、进一步提高对校园文化活动的认识和实践水平

第一，从校园文化活动的性质来看，应该实现从自发开展活动到自觉开展活动，从被动参与到主动参与的转变。在我国，校园文化活动在很长一段时间里，没有引起学校领导、管理人员和校园师生的注意，处于一种自发状态之中，缺乏有效的组织管理和物质基础的保证，校园师生也往往仅凭一时之兴或行政组织的命令去组织、参加一些校园文化活动，其效果不言而喻。我们需要不断增进校园文化活动组织管理的有效性，把校园文化活动的组织管理列入学校工作的议事日程，制定发展的总体规划。加强校园文化活动组织管理的骨干队伍建设，增强校园师生对校园文化活动作用的认识，积极引导校园文化活动由自发走向自觉，使校园人由被动参与转为主动参与。

第二，从校园文化活动的内容来看，应当继续充实、拓展校园文化活动内容。校园文化活动有科技类活动、艺术类活动、体育类活动、公益性活动等类别之分。21 世纪以来，随着物质技术条件的改善，校园文化活动的内容不断充实，各类型的校园文化活动都得到了不同程度的发展。但是，相对于当代青年大学生所担负的历史使命和校园文化活动的巨大作用，这种充实的速度还显得不快，其量也不够多。

第三，从校园文化活动的形式来看，应当使它朝着多样化、多元化、立体化的方向发展，从单一的娱乐活动向社会实践活动、经济文化活动互为补充、相互交叉的方向迈进，形成一个以课堂教学为主，第二课堂为辅，学校教育和社会实践相结合，日常社团活动与大型文体活动相互补充的多方面、多渠道的活动结构方式。当然，要进一步提高职院师生对校园文化活动的认识和实践水平，还必须创建一个有利于校园文化活动开展的良好氛围，为校园人提供更多的参与、组织校园文化活动的机会。这也是校园文化活动顺利开展和它本身发展的基本条件。

二、进一步增强校园文化活动的和谐性和针对性

尽管学校与社会间的联系更加紧密，二者之间的隔阂正日趋淡化、消除，但学校毕竟是学校，它不是完全意义上的社会，它还有自己的特征。这种差别也决定了校园文化活动和一般的社会文化活动之间必然存在着差异。校园文化活动如果过多地在校外社会中出现，就会逐步沾染社会文化活动的特点，从而失去自己的本性。而校外的社会文化活动如果不加选择地涌入校园，则常常破坏校园内的宁静和纯洁，破坏学校的教学秩序，影响学校的教育进程和效果。大学校园只有多开展一些符合青年大学生心理特点和专业特点的校园文化活动，才能有效抵制社会文化活动中一些不健康或不适合青年学生特点的思想和活动形式的侵入，保持校内气氛的和谐。当然，不论是丰富校园文化活动的内容还是扩充样式，不论努力提高职院校园人对它的认识和实践水平还是追求和谐，其最终目的还是要充分发挥校园文化活动的育人功能。因此，只有在校园文化活动中突出针对性原则，根据实际的要求. 选择相应的活动内容和形式，才能体现校园文化活动的效用，提高校园人参与、组织活动的积极性，达到校园文化活动在育人方面的独特效果，从而推动更高层次的校园文化活动的积极开展。

三、加强对学生闲暇生活的指导

大学生的空余时间相对而言是比较充裕的，这为校园文化活动的开展提供了必要的条件。因为虽然校园文化活动包括课堂和课外两个部分，但从我国高职院校实际来看，课堂仍然是以知识教学为主，能以活动的形式进行的相当有限，因而还是以课外活动为主，而如果缺少时间作保证，课外活动的数量和质量就会下降。所以，加强对学生闲暇生活的指导，能够有效提高职院校园文化活动开展的水平和质量，保证校园文化发展的方向。对学生闲暇生活的指导，除了要对学生的生活起居、

身体给予一定的关怀照顾外，从当前形势来看，主要是根据大学生的心理特点和学生容易出现的心理问题，建立科学的心理咨询机构，积极开展心理咨询活动。因为随着社会主义市场经济体制的建立健全，社会生活节奏的加快和社会竞争的日趋激烈，处于青春期的大学生由于生理、心理发展的不平衡性、不稳定性和可塑造性，极易受到外界环境各种因素的影响。学习中的困难、独立性、人际关系的处理、学生间的竞争，以及择业、就业等问题，都会使大学生的心理健康受到不同程度的影响。这些心理障碍和心理疾病，应当采取科学态度，借助于心理咨询来解决。心理咨询是一种通过语言、文字作媒介，给咨询者以心理帮助、启发和教育的过程。它既能为学生的心理保健提供指导，为学生的潜能开发、学习方法的改进等提供指导和帮助，也能帮助有一定程度心理问题的学生排除障碍，使他们健康成长。因此，加强对学生闲暇生活的指导，不仅能提高职院校园文化活动的质量，增强其效果，它还能以具体的校园文化活动的形式出现，丰富学生们的校园生活，促成健全人格和良好心理素质的形成。

四、实现教师指导作用和学生主动作用的完美结合

校园文化活动缺少教师的指导，单靠学生自己，很难把握大局，很难充分发挥活动的功效。这主要是由于教师一般具有比学生更丰富的参加和组织活动的经验，对于活动的方向性等重大问题的认识程度和把握能力较学生更深、更强。而且，教师也负有遵照党的教育方针，培养现代化人才的神圣使命。因而他们无论是在课堂教学中，还是在课外活动中，都应该自觉做学生的表率，切实履行教育和指导学生的义务。而在各种校园文化活动中，由于学生具有比课堂学习大得多的自由度，潜藏在他们身上的消极面、缺点等就更容易表露出来，此时，迫切需要教师的指导和关心，其作用也更为明显。

另外，在一些专业性较强的社团活动中，通过教师指点迷津，往往

也能提升活动的品位，解决知识性与娱乐性相结合的问题，避免活动内容、形式的重复，避免低水平“任务式”活动的出现，增强社团活动的吸引力。教师的指导作用虽然重要，但如果缺少学生的主动作用，就会出现曲高和寡的局面，策划组织者费尽心机而响应者寥寥，将极大地损害策划组织者的积极性和工作热情，为校园文化活动的持续开展和深层次发展添置障碍。俗话说：“师傅领进门，修行在个人。”在校园文化活动中，青年学生毫无疑问应当充当主角，这就需要调动他们的积极性，发挥他们的聪明才智，使他们的才华得到最大限度的施展。也只有在校园文化活动中发挥学生的主动作用，学生的知识、技能、心理等才能在活动氛围中得到提高，校园文化活动才具有更大的吸引力和更顽强的生命力。当然，在发挥学生主动作用的同时仍然离不开教师的指导作用，但我们也应看到，“指导”如果过宽过细，就会束缚学生的手脚，扼杀他们的创造力，对创新型人才的培养极为不利。因此，这就涉及一个教师的指导作用与学生的主动作用相结合的问题，而只有实现教师指导作用与学生主动作用的完美结合，通过它们综合作用的发挥，校园文化活动才能释放更大的能量，才具有更大的发展前途。

第六章　高职院校校园文化建设与学生教育管理工作的互动

第一节　校园文化建设与学生教育管理的互动关系

高职院校学生管理和校园文化建设之间存在着微妙的契合性：一方面学校的唯一管理对象是学生，学校的一切管理理念都基于培养对社会有用的人才这一目标。另一方面学生又是校园文化建设的主力军之一，如果校园文化建设脱离了学生这一群体，那将会变得毫无意义。因此，校园文化建设与高职院校学生管理之间应该是相互促进、相互影响、相互制约的关系。

一、校园文化建设对高职院校学生管理的促进作用

（一）校园文化建设有利于激发学生管理工作活力

校园文化建设对学生的教化、规范、启迪作用，主要体现在丰富多彩和多样化的校园活动中。娱乐性的文化活动不仅可以培养学生的课余爱好、排除负面情绪、缓解精神压力、形成积极的健康心理，还可以使学生培养一种参与民主的管理意识，在参与的过程中不断强化其组织管理能力，拓宽视野、活跃思维。教化性的文化活动能促使学生形成良好

的道德修养，在其人生道路上，对学生的价值观和人生观有积极的导向，也满足了广大知识青年对文化、自身发展的需求。同时，熏陶性文化则满足了广大学生丰富多彩的艺术、情感、精神的需求。校园文化变硬性的管理为软性的管理，“爱校如家”的认同感带来“无为”管理，充分激发了学生管理工作的活力。

（二）校园文化建设有助于提升学生管理工作效力

高职院校的学生基本年龄为20岁上下，生理上普遍成熟，自我意识强，思想活跃，心智已达到相当的高度，世界观、人生观和价值观也已经基本形成。但很多青年学生感性多于理性，情感的两极性表现突出，情绪易波动，情绪化的现象较为普遍，加上在家习惯了父母亲的庇护，涉世未深，没有经过大的困难和挫折，处理应变能力较差。校园文化的引导式建设，寓管理于校园文化建设活动中；变有形的管理为无形的管理，用无形的氛围去影响和引导大学生的心理，这样更容易获得学生的认同和合作。校园文化建设的这种表现方式对于提升学生管理的工作效率是有益的。

（三）校园文化建设有助于开拓学生管理工作方向

校园文化所推崇的价值取向，有助于学生形成科学的世界观、人生观、价值观。良好的校园文化环境要素和校园文化建设有利于调动学生的积极性，从德、智、体、美、劳等诸方面塑造学生的人格。浓厚的校园文化氛围有利于满足学生在思想上和人生追求上积极进步的要求和愿望；切合高职院校学生未来发展方向的学术活动，有利于宣扬中华民族的优秀文化传统，有利于培养学生自尊、自爱、自强不息的优良品质；高质量的社会实践活动，使学生将爱国主义情感转化为振兴国家、保护家园的使命感和责任感，教导学生立足岗位、刻苦学习，在潜移默化中培养学生坚定的信念、顽强的品质，养成正确的世界观、人生观、价值观。而这一切都是与拓展高职院校学生管理工作努力的方向不谋而合的。

二、高职院校学生管理对校园文化建设的推动作用

（一）管理环境和人文环境的塑造有助于校园精神文化的发展

高职院校极具特色的校园内部环境和外部环境组成了差异化的校园生活方式，而学校的特殊体制、办学宗旨、管理模式、办学目标等构成了具有各校特征的管理环境，这是全体师生共同拥有的环境和应当共同遵循的价值观念。而高职院校人文环境是校园内外文化变量的系统，包含全体师生的态度、观念和对学校的认知。高职院校的办学思想、校训、师德师风、学风、校歌、校史等构成了学校特有的人文环境，学校的办学理念是精神文化建设的实体结晶，因此高职院校的办学理念要体现以生为本、凸显校园特色等内容。校训是推动一所学校持续健康发展的原动力，优秀的校训可以“内聚人心，外树形象”。校风是体现一所学校学生学习的精神风貌，展现教师的是隐藏于校园之中的无形环境，展现了校园价值所在，创造优良舒适的管理环境、塑造深入人心的人文环境有利于校园精神文化的发展。

（二）管理理念和教导方式的转变有助于校园行为文化的提升

高职院校在生源层次、办学宗旨、办学条件、培养目标与普通本科院校有差距，在管理经验上较为年轻，管理理念较为谨慎保守，墨守成规，在教导方式上通常都是为了保持学生管理稳定性而不得不采取更为谨慎、更为严格的规范来约束学生的行为。但是一所学校如果缺乏朝气蓬勃的学生主体，无论学校拥有多么厉害的领导团体、多么卓越的硬件条件、多么雄厚的师资力量，都无法让一所学校的校园拥有强大的生命。而具体到校园文化，特别是高职校园文化，学生特有的思想理念、生理素质、价值导向和思维方式等都构成了校园文化的核心，其本质实际就是一种人文环境和文化氛围。在这种以学生为营造主体的人文环境

和文化氛围中，有校园特色的人际关系、生活方式，以及由学生参与的讲座、社团及其他科学文化体育活动和各类文化设施会作为校园文化的主要特征充盈着大学校园的各方面建设，使大学生活更具生机和活力。

（三）管理制度和运行机制的形成有利于校园制度文化的构建

制度文化作为校园文化的重要构成部分，在制度文化建设中我们需要做到：一是要建立健全管理制度，遵循科学性、可操作性和相对的稳定性的原则，尤其注意激励机制的建立。二是做好宣传教育工作。制度出台前，通过各渠道做好师生的思想舆论引导；制度出台后，则大力宣传建立制度的目的和意义等，组织师生学习制度规定的具体内容，甚至还要详细解释。通过舆论宣传，扩大教育效果，有意识地进行正面引导，形成良好的校园文化氛围，使学生受到潜移默化的影响和熏陶，并最终成为制度的执行者和传播者。三是要认真组织实施，规章制度一经建立，就要认真组织实施，实施过程中应力求做到“从严”“求细”和“与人为善”。通过完善的学生管理制度的颁布实施促使校园活动有章可循，按章办事。

从建设目标来看，高职院校学生管理和校园文化二者有统一的、共同的学生培养目标，其宗旨都是为高职院校培养高素质人才服务。例如，学生管理的根本目的是服务学生，管理学生的前提是要为学生构筑良好的、有序的校园环境。另外从学生管理的持续性角度出发，任何的管理机制都必须包含奖惩和评优评先的方法，俗话说，有目标才有动力，有动力才有行动，学校是教育人、培养人的社区，在学校发展过程中，学生要逐步接受包括学校最高目标、价值理念、校风、传统习惯、行为规范和规章制度在内的文化氛围。校园文化对于提高全体师生的凝聚力，培养良好的校风，培育“四有”新人都具有重要的意义。一系列的奖惩制度和评优机制既能表彰先进，又能约束学生的行为；既提高了自身的人文素养，达到促进高职院校学生管理工作开展的目的，又有利于和谐校园文化氛围的形成。

第二节　以校园文化建设加强学生教育管理工作

一、以优质的校园环境服务学生

（一）优质的校园物质环境对学生审美观的影响

教育家蔡元培先生说："美育者，与智育相辅而行，以图德育之完成者也。"高品位的校园环境给人以审美感受，提高人的生活情趣，陶冶人的情操，净化人的心灵。高品位的校园环境，能够启发学生的想象，丰富学生的情感，活跃学生的思维。学生徜徉在湖边垂柳之下，徘徊在五彩缤纷的花卉之中，登上郁郁葱葱的校园小山，闻吸着沁人心脾的花香，环顾别具一格的建筑，凝视古今中外的伟人塑像，置身于优美的校园环境里，能够使其在静观之中，在心情愉悦的精神状态下，领悟到人生的哲理。高品位的校园环境就是一部富有感染力的审美教材，对培养学生的审美修养具有极大的促进作用。

优美的校园是富有教育意义的课堂，是不闭幕的文化艺术的展览，有利于陶冶学生的情操。如诗如画的校园风光，布局合理的校园建筑，鸟语花香的校园景致，整齐光洁的道路交通，美观科学的教室布置，无不给学生以巨大的精神力量。学生在幽静的环境中学习，感到舒心怡神，从而增强环境保护意识，所有这些都有利于学生正确的世界观、人生观、价值观的形成。爱美是人的天性，学生也不例外。校园的环境美可以升华为人的情感美，诱导学生鉴赏美、追求美、创造美。在一系列审美过程中，学生会认识到美是社会实践的产物，是由劳动创造的，感受到心灵美、语言美、行为美的正确内涵。

古希腊的亚里士多德认为："美的主要形式是秩序、匀称和明确，美的东西应当是一个有机的整体。"学校的建筑、布局的美所体现应是整体的美，对学生队列的整齐、纪律的严明有一定潜在的影响。建筑的功能要能够满足人们的使用需要，建筑的外形要能够满足人们的审美需求，这是建筑外在的本质特点。除此之外，建筑还需要有内涵，能够满足人们的心灵需求。这就要求建筑里要凝结着艺术、文化和无穷的智慧。学校建筑要有象征意义，要以物喻人、托物言志，给学生留下更多的思考想象的空间，成为实现学校办学目标和激励学生奋发有为、立志成才的精神动力。建筑好比学校的“眼睛”。透过这双眼睛，我们可以看到校园的成长历程。建筑是一种造型艺术，它既是实用性的物质产品，又是一种艺术形式，象征某种理想和精神。

德国古典哲学家康德曾经把美划分为两类——壮美和优美。他认为这两种不同形态的美，对人的影响和作用是不同的。壮美是一种宏伟雄壮的美，可以使人胸怀宽阔，产生宏伟的志趣、远大的理想、崇高的情操；优美是一种优雅和谐的美，可以使人产生和形成良好的道德品质，产生文明礼貌的行为。学校建筑的这种教育功能，可以让学生在感受优美和壮美的同时，陶冶自己的情操，形成谦和而刚强的气质，明快而又奔放的性格，丰富而又健康的情感，深沉而又强烈的爱国情绪，远大而又崇高的理想。

环境既能育人，又能造就人。因此，许多学校都把美化校园环境作为精神文明建设的重要内容来抓。一般来说，柳绿花红、美观清洁的校园，窗明几净的教室，有秩序、有节奏的教学活动和休息安排，使学生头脑清醒，心境愉快，学习效率大大提高。优美的校园环境，可以丰富教学内容，有助于教学改革的开展，各专业教师可以根据教学需要和学校环境的特点，进行教学改革，提高教学效果。美丽的校园还可以唤起学生的幸福感和对学校的热爱，在不知不觉中热爱生活、热爱家乡、热爱祖国的崇高品德得到提升，久而久之形成讲文明、有礼貌的美德。校园环境建设有时受地理、气候等条件的限制，但努力营造学校环境绿化、净化、美化，使校园井然有序地进行校园环境的构建，是每个学校用心经营后都可以做到的。优美的校园环境对学生的全面发展起积极推动作用。

学生首先要在校园这个熔炉里进行加工和改造，从而形成良好的道德风貌。因此，物质环境是校园德育的基础。物质环境是校园内对学生的学习和生活产生影响的一切物质条件的总和，它主要包括学校的自然地理位置、具有教育功能的人文景观、校容校貌绿化程度、现代化的教学科研设施、文化基础设施和充满人文关怀的园区物质设施等。虽然物质环境是没有生命和感情色彩的客观存在物，但如果能够按照德育学和德育心理学规律去设置这些客观存在物，就会成为影响学生道德品质的强大外部物质力量。

富有主题的校园环境，可以说承载了许许多多的事迹、范例，可以是某个伟人的生平事迹，可以是富有纪念意义的纪念堂，可以是这所学校的发端史，可以是这座城市的开拓路，辉煌的背后必然有艰辛的事迹，事迹中必然有可敬的人，可敬之人必然有其可敬之处，其可敬之处必然彰显其可敬人格。“情操”是坚定不移的情感和操守，是对外界刺激肯定或否定的心理反应，如喜欢、愤怒、悲伤、恐惧、爱慕和厌恶等，是廉洁正直的基础。可见，“情操”是一个人道德之中稳定性很强的情感世界和坚实的操守阵线，是一个人道德之中极重要的组成部分，而“高雅的情操”是时代的风范。青少年时期是人生成长的黄金时期，他们一般都具有强烈的求知欲望，对宇宙万物充满了好奇心，热切追求科学和真理。这种积极的情感体验，会成为他们进一步探索未知、追求科学和真理的动力，情趣有高雅与庸俗之分，高雅的情趣是追求美好生活的乐观向上的生活态度和健康的心理，是人们对生活中美好事物的感受和体验。高雅的生活情趣不但能使我们因学习而紧绷的神经得以放松、疲劳得以解除，还能使我们充分感受到生活中的美，使我们即使在比较艰苦的环境中也能让生活充满欢乐。

因此，不可否认，物质环境对人的教育起着奠基作用，是这所学校培养学生德育的物质保障，在无形中影响着这个环境中的每个人。在一个相对优化的校园环境中，学生们心情愉悦、精神格外放松。在这样的环境中，自然会产生和激发学习的灵感。这种学习的效果远远超过了传统的说教方式，而且这样的学习效果并非有意识创造，而是出自无意识的灵感激发，更有利于培养学习的动力，所达到的效果也是很明显的。

（二）人性化的制度环境对学生的规范和约束作用

从管理和政策层面而言，学校制度环境是学生学习知识、增加体验、获得发展的重要保障体系，有明确的目的性和严格的控制性。虽然学校师生具有一定的自主权，但学校活动的开展不是随意的活动或行为，必须遵守相应的规则，受到一定条件的制约。

学校制度环境作为学校文化环境的一个重要组成部分，是维系学校正常课程秩序必不可少的保障机制，是学校建设的保障系统。建立协调一致、相互制约、有机发展的学校制度环境，是一项系统的工程。人是复杂的，每个人都有自己不同的特点，也有不同的需要，而且人也是有主观能动性的。任何管理制度，在未得到人的认同前，其所从事的管理是被动的，管理的效果也是机械的、低效的。学校树立“以人为本”的发展观，就是要关注人、尊重人、发展人。人才是学校制度文化的核心，育人是学校制度文化建设的根本目标，所以在学校制度环境建设中，我们要以生命生成的观点重建学校制度环境，以人为本，尊重人的权利，满足人的需要、促进人的发展，让制度人文化，让人成为制度的主人而不是制度的奴隶。既要用合理的规章制度规范人，又不能简单机械地强迫管理，通过调动人的积极性使“外在文化”转化为“内在文化”，重塑人的尊严，体现生命的可贵。制度是“死”的，人是“活”的。因而制定学校制度时一定要注意“与人为善”，注意原则性与灵活性的和谐统一。任何“规定”要留有充分的余地，要有人情味，不要把条文定得太“死”、太刻薄寡情。体现以人为本的制度理念就是在制度的制定过程中，要以学生发展为本，以教师发展为本，以调动人的积极性为本，而不是让制度限制人的发展。

（三）高品位的校园精神文化环境对学生的激励和导向作用

富有主题的建筑也就是学校的特色建筑，凝聚了整个学校的核心，它自身含有一定的文化意义，对人的思想有一定的启示，它所承载的可以是一段历史，可以是一种文化，也可以是一种象征。“志向”是人对未来成功的心志、向往和追求。它体现了学生对未来社会的理想与今天的奋斗之间的一种昂扬向上的心理特征，是建立在“高远”之上的。“高”体现了社会的层次性，“远”体现了时代的前瞻性。作为一所有特色的学校，培养出来的学生，在未来的社会中所体现出来的价值，理应具有久远的生命力，理应具有对社会影响的广泛性。富有主题的校园环境通过一些建筑或者标志物来彰显自己的校训或者校史精神。我们要培养的学生应该具有为民族振兴、国家富强和人民富裕而艰苦奋斗的献身精神，应该具有天将降大任于斯人的气概，担负起领导未来重任的胸襟和才能，应该具有不断地追求新知，具有实事求是、独立思考、勇于创新的科学精神。因此，在校园中富有主题特色的建筑以及它所承载的人文意义，理所当然地为学生立志树立了一个航标。

良好的环境除了对学生思想政治品德的形成有强制性约束、规范的作用，还有感染熏陶和相互激励的影响。德育环境是一种有形的和无形的感染力量，好的环境能使人积极向上，坏的环境能使人消极颓废。良好的德育环境使学生在不知不觉中受到心灵的感染、情操的陶冶，使学生不仅能逐步认识自己，同时也能看到别人的优点和长处，从而激励自己奋发向上，转变原有的思想并提高到新的思想水平。中国古代的思想家都十分重视环境对人的思想潜移默化的作用，所谓“蓬生麻中，不扶自直”“择邻而处”等都是说明环境的影响力量。

二、以积极的校园精神感染学生

（一）校训是校园精神的集中体现

1. 校训的含义

所谓校训，是由学校提出的，对学生进行思想道德教育、行为习惯训练和品格培养的戒条。它反映了学校办学的指导思想和培养目标及管理原则，体现了学校对学生思想行为的规范要求。从内涵上看，校园精神与校训既有一定的形似之处，又有着本质的联系。

校训在长期的校园文化实践中一旦被师生共同接受，就会自然而然地被他们自觉发扬，从而演化、升华为代表学校整体价值追求的校园精神，形成校园整体文化的最高层次，成为奏响校园文化之歌的主旋律。

校训，作为学校传统的核心内容、学校群体价值观的升华，是校园精神的核心。有许多学校的校训，有其深刻的历史渊源。例如，1914年，清华大学建校三年，提倡德、智、体三育并进和“人格”教育，11月10日，学校请梁启超先生来校讲演，他演讲的题目为《君子》。他引《易经》中乾、坤二象辞“天行健，君子以自强不息”“地势坤，君子以厚德载物”，来勉励清华大学学生树立完整人格。他说：“乾象言，君子自励，犹天之运行不息，不得有一曝十寒之弊。坤象言，君子接物度量宽厚，犹大地之博，无所不载。”梁启超先生的此次演说对清华大学优良的学风和校风的养成产生了深远的影响，这以后，学校即把“自强不息，厚德载物”八字定为校训。

南开大学的校训“允公允能，日新月异”，是其创办人和担任40余年校长的张伯苓先生提出的。张伯苓一生从事教育事业，是一位爱国教育家，他走的是“教育救国”之路。他认为，中华民族患有“愚、弱、贫、散、私”五大弊病，要办教育来矫正之。南开大学对学生实行五个方面的训练：重视体育，提倡科学教育，创办各种团体组织，道德训练，培养救国力量。这五项基本训练，以校训为指导原则，目的在于培养学生爱国爱群众之公德，与服务社会之能力。大多数名牌学校都有自己独特的校训，这些校训虽然不尽相同，但它们都是在中华民族传统文化土壤上培育生长起来的，大多反映了中国教育治学和为人的两大内容。

2. 校训可以体现办学特色

校园精神作为校园文化的集中表现和高度凝聚，不仅体现在它对内能创设出一个积极健康、团结向上，影响校内成员价值选择、人格塑造、思维方式、精神风貌、道德情感、行为习惯等的关系学校魅力和个性所在的治学信念和目标要求。其独特的魅力和个性也构成了一所学校的特色。学校若缺少或失去自己固有的特色，自然也就不具有吸引社会的巨大魅力和竞争能力。

学校特色，是一所学校独具的区别于其他学校的办学个性，是最为突出、最具有典型意义、显示巨大社会效益的校园魅力。校训，即学校特色的高度浓缩。它的作用在于引导校园风气。如师范院校注意培养为人师表、言传身教的奉献精神。北京师范大学的“学为人师，行为世范”的校训将师范院校独特的性质和要求加以强调；黄埔军校的“亲爱精诚”具有时代特色和革命理想；复旦大学的“博学而笃志，切问而近思”具有中国传统文化的特色；中国人民大学的“实事求是”，言简意赅，个性鲜明；武汉大学的“自强、弘毅、求是、拓新”突出了个性和新意。这些校训具有简练而精深的特点，因而容易沁入人心，凝聚为具有感召力、渗透力的校园精神。

（二）校风是校园精神的具体化

1. 校风的含义

校风是一所学校师生员工共同具有的思想行为作风，它具有两个层次的含义。第一层含义指一般的良好风气。所谓风气，就不是个别人、个别事、个别现象，而是当形成了带有普遍性、重复出现和相对稳定的行为心理状态，成为影响整个学校生活的重要因素时，才具有“风”的意义。例如，团结友爱之风，艰苦朴素之风，勤奋好学之风，积极进取之风等。人们习惯上把这些称为校风，这是一般意义上的校风。

第二层含义是指一所学校区别其他学校的独特风气。换言之，是在一所学校的许多风气中，最具特点、最突出和最有典型意义的某些作风。它在长期办学中形成，体现在学校工作的各个方面，影响全校师生员工的思想行为，构成该所学校的个性特点。

总之，校风是学校成员共同具有的富有特色的，相对稳定的行为倾向，是一种群体心理现象，也是学校物质文化和精神文化建设的综合反映，是学校素质教育力量的表现形态。

校风和校园精神具有本质联系，二者的关系表现为：一方面，校园精神所营造的氛围，弥漫在每个个体周围，使个体的言行举止都染上它的痕迹与色彩，从而形成某种趋向和定式。这种氛围的传承，便诞生了一所学校的传统和风气，即校风。另一方面，校风归属校园精神文化的范畴，但又不等同于校园精神，而是校园精神的具体、感性外化。即校园精神必须通过一定的校风才能反映出来，正是从这个意义上说，校风的凝聚和升华便是校园精神。

2. 校风的基本构成和校风建设的主要内容

校风包括学风、教风和领导作风。学风是指一所学校的治学精神、治学态度和治学原则，是学生在学习、生活中养成和表现出来的共同的典型的思想的行为倾向，是他们的学习动机、兴趣爱好、学习方式和态度及价值观念的综合表现。学风是校风的核心，校风是校园精神的主体，而学风建设是校风和校园精神建设的关键。

教风是学校中的教师在工作和生活中所形成的，并表现出共同的、较稳定的特点和行为倾向，是教师职业道德、工作态度、专业知识、教学能力、教学方式的综合表现。在学校纷繁复杂的活动中，居于中心地位的最主要的活动是教学。教师的教学和科研活动、学生的学习活动、教师和学生的学术科技活动的水平，在很大程度上取决于教风的优劣。

学校的领导作风反映着学校领导者的道德素质、工作态度、工作方式和风格。领导者养成关心教师和学生、勇于改革、踏实、认真负责、民主管理学校的作风是十分必要的。领导作风是形成优良校风的关键因素。学风、教风和领导作风共同构成一所学校独特的精神风貌。

教育要面向现代化、面向世界、面向未来。这是我们建设有中国特色社会主义教育事业的根本指导思想。为此，各级各类学校校风建设的共性内容是：在全体师生员工中形成坚定正确的政治方向、高尚的道德情操、严谨的治学态度、民主的学术空气、勇于创新的开拓精神、严明的组织纪律、良好的教学和工作秩序等。

3. 大力加强校风建设

校风是一种校园的精神文化，是一所学校个性和风貌的集中反映，是校园精神的深层内核，是校园价值体系的精华，是推动广大师生员工积极进取、育人成才、战胜困难、开拓创新的强大精神力量。总之，校风是一种治学精神、一种氛围、一种进行学术研究的学风、一种追求真知的精神风貌。大力加强校风建设，校级领导班子具有重要作用，他们的价值观念、思维方式、行为特点、工作作风以及领导作风、办学理念和追求等，对整个校园精神文化的倾向具有决定性的影响。在社会主义市场经济条件下，学校领导班子要坚持科学治校、民主办校、融会百家、尊重创新的办学理念，推行校务公开和民主管理制度，发扬党内民主和校内民主，尊重和保障党员和师生的民主权利。凡是涉及学校改革和发展的决策、与教职工切身利益密切相关的问题，都要广泛征求师生意见，采纳合理意见，才能更好地团结师生，增强凝聚力和向心力。

大力加强校风建设，使校园成为道德教育和精神文明建设的基地，基础在教师。教师作为学校的一个特殊群体，是学生增长知识和思想进步的导师。他们的价值观念、生活方式、教育观念和人格特征会对校园精神文化产生影响，对学生产生重要影响。教师是先进文化的重要承载者和创造者，是校园精神文化建设的中坚力量。抓校风建设，一定要加强师德建设，使教师在政治思想、道德品质、学识学风方面，能够以身作则，率先垂范，为人师表，言传身教，以先进的思想传播真理、播种文明，用高尚的道德情操和精湛的科学文化知识，积极参与校园文化活动，既可以提高职院校园文化的层次和品位，又可以促进师生在课堂外的交往，密切、平等、和谐的师生关系，本身就是校园精神文化的一道风景线。

第三节　以学生教育管理工作推动校园文化建设

一、准确定位学生在校园文化建设中的角色

学生骨干是思想政治教育研究的常用概念，近年来一些研究对这一概念的内涵阐述不断丰富。高职校园文化建设也是思想政治教育研究领域的概念，针对这一概念的研究较多，学术界对这一概念的界定比较一致。

（一）学生骨干构成

1. 功能型的学生骨干

功能型的学生骨干是校园学生骨干群体的主要构成，占据学生骨干群体数量的大多数。通常情况下，此类学生骨干会以校园基层管理活动为载体，听从校团委或校党委相关部门的统一领导和指挥，既是校园文化活动的主要参与者，又是组织和管理者，在基层管理和领导其他非学生骨干群体，便于深入细致地调查和了解校园各类学生群体的学习生活及思想动态状况，主要以学生会和社团中的学生干部和党员身份存在。学生干部主要是在学生组织联合会、班级、团委等组织中担任管理或者领导角色的学生骨干，是学校最基层的教育管理者、基层组织活动的参与和实施者，也是高职院校教育和高职院校管理的重点对象。总而言之，学生干部是参与学校基层管理，具备服务和管理性质，是促进学生走向自我管理和自我服务的典型性的代表群体。党员则是校园中学生群体中的代表性的优秀成员，具备较高的政治素养和信念，是中国共产党的先进理论的崇尚者和践行者，在学习上和生活上都是全校师生的楷模，具备艰苦奋斗、积极乐观、崇尚先进的精神品质，是大学校园中思想政治觉悟较高的学生骨干代表。

2. 项目型的学生骨干

项目型的学生骨干是以项目活动为载体，以满足社会发展和校园发

展需求为导向，为提高学生群体的某一项工作能力或者学校发展的某一领域，积极投身于各个领域内开展项目活动之中。项目型学生骨干一般情况下具备更强的实践能力、生活能力或者学习能力，是通过组织的系统性培养，而形成的专项人才，主要可以分为科研学习精英和文体活动精英两类。

科研学习精英是高职院校发展必不可少的重要群体，有利于实现新形势下教育改革的重要目标，培育更多、质量更为优越的科研型和知识型人才，有利于满足国家和社会发展的人才需要，是我国智慧库发展的重要人才储备力量。文体活动精英是活跃校园文化氛围，带动校园多元化和综合性发展的重要群体，通常具备文体方面的特殊优势，在校内外开展文体娱乐活动，带动和激发同学们的生活乐趣和活动热情，促进校园文化建设和校园文化的传承与发展。

3．兴趣型的学生骨干

兴趣型的学生骨干是以共同的兴趣爱好为根本出发点，自愿聚集而形成的社团或学生组织，并且服务于同一兴趣爱好的学生群体，为之创造学习和交流的机会，在社团或此类学生组织中担任领导角色。兴趣型的学生骨干在校园生活中主要存在于诸如志愿者协会、舞蹈团、武术社团、魔方协会、骑行社团等以兴趣爱好为导向的学生组织中。一般情况下，此类学生骨干都有一定的突出特长，在组织管理和发展中起到领导作用，显示出较强的领导能力。用发展的眼光看待事物的发展，兴趣型的学生骨干一般都是文体领域的后备人才，是社会公益领域的积极参与者和爱心的传播者，在促进校园文化建设多元化发展的同时，极大地带动了社会文化的进步。

（二）学生骨干的特征

学生骨干是高职院校学生群体的代表性学生，对于社会主义现代化建设、民族发展和社会主义中国梦的实现，都有着重大推动作用。在教育改革和社会体制转变的新时代，高职院校学生骨干主要表现为以下几项特征。

1．坚定的政治信念

政治信念对于个人成长，尤其是学生群体的成长和发展具有重要意义，政治信念是高职院校学生骨干的核心特征。学生骨干保持坚定的政治信念和立场，与党和国家的信仰在思想上保持高度一致，善于根据时势的变化，了解和掌握国家和社会的发展方向，学生骨干学习和贯彻落实党在新形势下的目标和精神，重视思想教育和政治理念的培养，在重大选择和方向上始终可以保持清醒的认知和头脑，坚决与党中央的宗旨和要求保持一致，并在日常的学习和生活中积极主动地维护党和人民的利益，在校园活动中维护广大学生群体的利益。

2. 一定的领导能力

校园中学生骨干是起到代表性和模范性作用的群体，具备重要的表率、带头和引导作用。通过领导非学生骨干群体和基层学生管理活动，学生骨干通常会展现出个人的领导魅力，在知识结构和人格培养等方面都有着较大的改善，在校园生活中则表现为知人善任，鼓励和发现他人的长处和优点，激发团队成员的积极性和潜力，不好大喜功，重视激发团队的合作意识，善于利用目标和愿景来引导和培养团队成员的工作能力和参与积极程度，最大程度挖掘团队成员的潜力，发挥团队成员的作用。

3. 显著的工作能力

由于学生骨干是校园文化建设活动的参与者和组织者，在学生工作上积累了较为丰富的经验。同时，在学习专业文化课程之余，也锻炼了其他的工作能力。工作中的学习和培养，塑造了学生骨干的学习能力和适应能力，使其具备一定的组织管理能力、时间安排和协调组织能力。学生骨干通常以其较多的实践经验提高其就业实践能力，在视野上较为开阔，思维方式也与非学生骨干表现出较大的不同。

4. 较高的服务意识

服务意识是学生骨干参与校园文化建设的核心和宗旨，服务于最广泛的学生群体是校园文化活动的目标和意义所在。服务意识和态度是选拔学生骨干的准入标准，全心全意为同学着想，以学生需求为导向，解决学生的实际困难，利用自身在学生和老师之间的桥梁纽带地位，积极保持与学生和老师的紧密联系，充分发挥好信息传递与反馈、服务学生的重要作用，为老师和同学排忧解难，深切解决同学们遇到的问题。从学生中来、到学生中去，完备的服务意识也造就了学生骨干通常会有较高的群众基础，口碑完好的反馈。

5. 高度的责任意识

责任感是学生骨干选拔标准的重要指标，高度的责任意识是学生骨干在工作中服务同学和老师的内心推动力，促使他们在完成工作任务的时候更加高效、积极。这种责任意识还体现在学生骨干对社会热点的关注，对社会发展和民生问题等都具备高度的社会责任感和使命感。学生骨干高度强烈的责任感使其成为更为优秀的社会发展的传承者，先进的社会主义现代化建设的后备军，将个人成才、个人价值与国家发展、个人命运与国家命运和发展需要密切结合起来，在个人职业生涯发展上更为注重自己对集体、社会和国家的贡献。

二、校园文化建设在学生管理工作中的促进性

校园文化是在高职院校广大师生员工中通行的规范准则、生活方式、行为模式和价值体系，是学校区别于其他社会组织的重要标识，是维系学校团体的一种精神力量。它以丰富的内容和灵活多样的表现形式使其存在于学生管理的每一个环节，并适应青年学生的心理、生理特点。校园文化建设与学生管理工作有着内在的联系，对学生管理工作起着重要的激励作用，而学生管理工作又是学校教育工作的重要组成部分，是维护学校正常的教学生活秩序，实现培养目标的重要保证。在新的时代背景下，社会主义市场经济的深入发展、经济的全球化、素质教育的全面实施等对学生管理工作提出了更新、更高的要求。面对新形势的需要，我们应积极采取措施加强高职院校校园文化建设，充分发挥校园文化的激励作用，推进学生管理工作迈向新台阶。

（一）校园文化对学生管理工作的重要影响

1. 校园文化有效地激发了学生管理工作的活力，能够培养青年学生积极向上的心态

校园文化寓教育、管理于丰富多彩、灵活多样的校园文化活动中，

在潜移默化中起到其对学生的教化、熏陶、规范、启迪作用。教化性的文化活动促进学生形成良好的道德修养，对其价值观和人生观产生了积极导向，也满足了青年学生知识、智能发展的需要；熏陶性文化则满足了广大学生丰富多彩的艺术、情感、精神的需求；娱乐性的文化活动可以培养业余爱好，疏导消极的情绪，缓解压力，形成积极健康的心理状态。

2. 校园文化强化了学生管理工作的内力，有助于促进青年学生自身综合素质的全面提高

一方面，学生的校园文化活动本身就是人际交往互动的过程，扩大了学生的人际交往范围，满足了他们社会交往的需要。更重要的是，他们在参与的过程中通过发挥自己的优势和特长，使潜能或潜质发挥出来，实现管理与自我管理的有效结合。另一方面，高品位的校园文化有利于学生管理干部思想品德、理论水平、知识结构、文明言行的养成。学生管理干部素质的高低从某种意义上决定了学生管理工作的水平。校园文化变单一的管理为双向管理，变少数人的管理为全员管理，强化了学生管理工作的内力。

（二）校园文化建设在推进学生管理工作中的着力点

1. 营造“环境文化”氛围，实现文明管理

“环境文化”主要包括三点：一是校园物质文化环境，校园物质文化环境是师生员工学习、工作、生活、娱乐等活动的物质条件，是学校教育的基础环境或基础条件，反映着学校的物质面貌；二是知识环境，主要是指学术水平、学术空气、教学内容、教学经验等方面的情况和条件，直接关系到育人的质量，关系到管理工作的成败；三是舆论环境，主要是通过正确的理论导向、政策导向和价值导向，弘扬社会主义主旋律，宣传先进模范人物，正确引导学生的价值取向；四是人际环境，指校园内部人际关系，包括领导之间、教师之间、师生之间、学生与学生之间管理与被管理等多方位的关系，建立这种关系应以平等、理解、信任、互爱和互助等为原则。

2. 营造“精神文化”氛围，实现科学管理

营造“精神文化”氛围要有全员共建的思想，把文化建设纳入学校教学、管理的体系中，实现系统建设，科学管理。首先要在课堂教学和一切校园文化活动中坚持正确的政治方向，注入政治理论、思想品德方面的内容，坚持加强对师生的爱国主义、集体主义、社会主义的思想教育，加强优秀文化传统教育，弘扬民族优秀文化传统，增强学生的民族自信心、自尊心和使命感，激发他们的爱国主义精神。其次要重视第二课堂活动，要根据高职院校总体培养目标和学生实际，用健康高雅的文化和艺术，丰富校园文化生活，建设高品位的校园文化，引导学生合理支配闲暇时间，提高休闲艺术品位。在校园文化活动中，学生通过自我教育、自我管理、自我服务，充分发扬自主精神，发挥主动性、创造性和自己的专长、潜能，对培养学生健全的人格，创造意识和创造能力，有着不可替代的作用。可见，良好的“精神文化”氛围，是实现科学管理的前提。

(三) 营造“文化育人”氛围，完善文化管理机制

从某种意义上讲，文化育人机制创新直接影响到我国高职院校人才培养的质量。高职院校应不断创新文化育人机制，本着为学生服务的原则，促进社会主流文化的形成，从而正确地引导学生。为此，要创新教育观念，以高尚的精神和人格鼓舞学生，激发他们的创新意识和探索精神，同时，还要实现方式和内容上的创新。

要实现文化育人机制的创新，就要通过不断地总结、不断地突破，努力完善制度管理机制，具体可以从以下方面进行：首先，要加强对文化育人机制创新的广泛宣传。高职院校可以组织一些优秀的教师，鼓励他们自愿加入对教育、技术的开发应用和创新工作当中，构建一个专业性、学术性的创新学术团体，在法律法规允许的范围之内，用科学的眼光审视、开展创新活动，研究推广其创新成果，使得广大学校师生的创造力都得到激发，为学校培养更多创新型高技能人才。其次，建立专门高职院校教育管理机构，强化现有的教育指导功能，在宏观上对高职院校教育进行指导、规划、监督、检查和研究，促进创新长效机制的形

成，为开展文化育人机制的创新活动提供良好的支持。最后，加强教育管理干部培训，提高科学管理水平，同时，还要从各地实际出发，注重教学形式上的灵活多样。

校园文化具有重要的激励作用，在新时代学生管理工作中，校园文化建设已成为学生管理工作的有效途径和有力载体，在塑造学生道德品质方面起着不可估量的作用；校园文化既是加强对学生日常管理的主渠道，也是对学生进行思想、政治、品德教育的重要途径。良好的校园文化是一种潜在的教育力量，以某种特有的潜在激励作用影响着师生的思想、情感、道德水平，改造师生的内心世界；高品位的校园文化还拓宽了学生管理的实践领域，使学生管理与素质教育、创新教育有机结合起来，增强了新时代学生管理工作的针对性和实效性；同时，校园文化把教书育人、管理育人、服务育人、文化育人有效地整合统一起来，从而拓展了新时代学生管理工作的新途径，形成了功能互补的全员育人文化与健康和谐的管理文化。

参考文献

[1]蔡静俏，袁仁广．高校校园文化建设与发展研究[M]．长春：吉林文史出版社，2021．

[2]曹晓娟，鲍玮，王平平．高职教育学基础与教学管理研究[M]．长春：吉林文史出版社，2020．

[3]崔金辉．高校教育管理创新与发展研究[M]．天津：天津科学技术出版社，2023．

[4]戴月舟．新时代高校教育管理与创新研究[M]．汕头：汕头大学出版社，2022．

[5]单林波．高校教育管理体系构建研究[M]．北京：首都师范大学出版社，2022．

[6]杜文忠，陆延仕．高校校园文化育人模式研究[M]．哈尔滨：东北林业大学出版社，2021．

[7]侯庆敏，薛徽，胥佳明．新时代高校校园文化建设的理论与实践研究[M]．大连：大连理工大学出版社，2023．

[8]胡龙宇．高校校园文化建设形式与方法研究[M]．北京：北京工业大学出版社，2021．

[9]李艾颖，朱琨．高职教育管理路径及实践策略研究[M]．长春：吉林人民出版社，2023．

[10]李爱媚．高职教育管理与实践艺术[M]．长春：吉林美术出版社，2020．

[11]李洁，岳光耀．高职教育管理理论与实践探索[M]．长春：吉林人民出版社，2022．

[12]李晓雯．高校教育管理的理论探索与探究[M]．长春：吉林人民出版社，2021．

[13]梁晓珊.高校校园文化建设[M].长春:吉林人民出版社,2021.
[14]廖伏树.创新视角下的高职教育管理[M].北京:光明日报出版社,2021.
[15]刘鑫军,孙亚东.互联网时代高校教育管理模式改革与实践研究[M].长春:吉林人民出版社,2021.
[16]吕浔倩.信息化高职教育教学管理研究[M].西安:西北工业大学出版社,2019.
[17]任占娟.高校校园文化建设与文化自信培育研究[M].北京:北京工业大学出版社,2023.
[18]王雁,张贝丽.新时期高校校园文化建设的探索与实践[M].北京:中国原子能出版社,2021.
[19]吴浩.高校大学生教育与校园文化建设研究[M].长春:吉林出版集团股份有限公司,2021.
[20]夏明凤.现代高职院校学生思想教育与管理[M].长春:吉林出版集团股份有限公司,2019.
[21]尹秀坤.校园文化建设的理论与实践研究[M].北京:中华工商联合出版社,2021.
[22]张利海.新形势下高职院校教育管理创新研究[M].北京:中国商业出版社,2023.
[23]郑丹.高等学校校园文化建设与创新发展研究[M].天津:天津科学技术出版社,2023.
[24]周望平.高职院校学生教育管理研究[M].长春:吉林出版集团股份有限公司,2023.
[25]朱盛萍,张建灿.高校校园文化研究[M].昆明:云南美术出版社,2021.
[26]陈玉婷.探析高职校园文化建设的定位及内涵[J].新教育时代电子杂志(学生版),2023(18):175－177.
[27]高瑞.浅议高职校园文化建设[J].新教育时代电子杂志(教师版),2021(5):235.

[28]胡颖蔓，汪次荣. 论高职校园文化建设的定位及内涵[J]. 长江丛刊，2020(28)：98－99.
[29]霍兰茹. 高职校园文化建设探究[J]. 内江科技，2021(5)：139－140.
[30]李萍. 创新高职教育管理体制的思路与实践[J]. 文教资料，2021(15)：154－155.
[31]王振光. 高职教育管理工作创新研究[J]. 新教育时代电子杂志(教师版)，2022(38)：183－186.
[32]吴海容. 信息化时代高职教育管理建设的路径探索[J]. 成长，2023(12)：6－8.